유라시아를 정복한
유목민이야기

송금영 宋金永 Song, Geum-young

경남 남해에서 태어나 남해종합고등학교를 졸업하고,
동아대학교와 대학원에서 정치외교학을 전공했다.
1990년 제24회 외무고시에 합격하여 외교부에 입부하였으며,
러시아CIS 과장을 역임했고, 지난 28년간 주로 러시아와 CIS 업무에 종사하였다.
지난 90년대 초 미소美蘇 간 냉전이 종식된 러시아에서 서기관을 시작으로
우크라이나, 카자흐스탄, 아일랜드 대사관, 미국LA 총영사관에 근무했다.
현재 아프리카 탄자니아 대사로 재직하고 있으며, 2017 베스트 외교관상을 수상하였다.
러시아에 5년간 근무한 경험을 토대로 2004년 『러시아의 동북아 진출과 한반도 정책
(1860-1905, 국학자료원)』을 출간하였다.

유라시아를 정복한
유목민이야기

송금영

민속원

책머리에

강자가 세계를 지배한다

Those oblivious to history become one eyed, but those obsessed with history will lose both eyes. The past isn't dead, it isn't even past.

역사를 망각하면 하나의 눈을 잃고, 역사에 너무 집착하면 두 눈을 잃는다. 과거는 죽지 않고 살아 있다.

세계 역사는 전쟁과 평화에 대한 이야기다. 2400년 전 고대 그리스 역사학자 헤로도투스Herodotus는 '전쟁이 모든 것의 아버지War is the father of all things'라고 강조하였다. 전쟁의 승리를 통해 새로운 강대국이 나타나고 새로운 국제질서가 형성되었다.

역사적으로 국제사회에서 국가의 안전과 국민들의 생존을 보장한 것은 정의나 자유와 같은 추상적인 이념 보다는 물리적인 힘과 군사력이었다. 힘을 가진 자가 세계를 지배하였으며, 정의의 여신은 정복자의 뒤를 따랐다.

강한 것이 옳은 것을 통제하였다. 전쟁에는 패자와 승자의 구분만 있으며, 정의와 비정의의 구분은 무의미하였다.

전쟁의 목적은 단순하다. 13세기 유라시아에서 몽골 대제국을 건설한 칭기즈칸은 후손들이 가난에서 벗어나고 잘 먹고 잘 살기 위해 전쟁을 한다고 역설하였다. 전쟁의 세계에서는 강자만이 살아남는다는 승자 독식의 냉엄한 원칙이 지배한다. 과거나 현재나 국제사회에서 강한 자만이 발언권을 갖는다.

역사적으로 유라시아 대륙에서 고대 로마제국, 페르시아 제국, 몽골제국, 오스만터키, 러시아, 중국 등 강대국들이 출현하였다. 이들 강대국들 간 패권 전쟁의 주요 무대는 유라시아 대륙이었으며, 지난 5천 년간 유라시아 역사는 정주민과 유목민들 간의 전쟁 이야기이다.

고대부터 15세기까지 중앙아시아와 몽골지역의 거대한 초원을 누볐던 유목민들이 유라시아 역사의 대변혁에 주역이었다. 멕킨드 H.J.Mackinder는 해양세력과 대륙세력, 그리고 정주민족과 유목민족간 대립과 투쟁으로 세계 역사가 발전하였다고 설명한다.

그는 유라시아 심장지대 및 동부 유럽에 거주하던 대륙세력들의 대외적인 팽창에서 세계사가 시작되었으며, 유럽의 문명은 아시아 이민족들의 침입에 대한 투쟁의 결과라고 설명하였다. 유럽은 고대부터 중앙아시아 지역에서 발생한 훈족, 몽골, 터키 등 이민족으로부터 끊임없는 침입을 받아왔다.

멕킨드는 유럽의 로마, 프랑크, 고트 지역들은 이민족들의 침입에 대항하기 위해 연합체를 구성하였으며, 그 연합과 동맹의 과정에서 독일, 프랑스, 헝가리 등 여러 유럽의 민족 국가들이 탄생하였다고 설명하였다.

중앙아시아에서 발흥한 대표적인 유목민들은 고대에는 흉노족과 훈족, 돌궐족이, 중세에 거란족과 몽골족, 근세에 중국 청나라를 건국한 만주의 여진족들이다. 이들 유목민들은 초원지대를 따라 유럽, 중국, 한반도, 인도, 러시아 등 여러 지역을 정복하였다.

초원의 유목 기마병들은 15세기 소총이 유럽에 등장할 때까지 군사적인 우위를 가지고 농경민족을 압도하였다. 유목민들은 중국에 비해 인구가 수십 배 적었지만 싸움에 능했으며, 속전속결 전술로 중국, 인도, 러시아 등 유라시아 대륙을 정복하였다.

고대부터 초원의 유목세력이 중국의 역대왕조들의 흥망성쇠에 결정적인 영향력을 미쳤다. 유목 세력들은 중국의 목을 조르는 큰 손이었다.

북방의 유목민들이 중국을 정복하였고 한족보다 훨씬 오랜 기간 동안 중국 왕조를 통치하였다. 중국의 영토가 크게 확장된 것은 한족漢族들이 개창한 왕조보다는 원나라, 청나라 등 중국 유목왕조 시대였다.

초원의 유목민들은 고대부터 한반도에도 큰 영향을 미쳤다. 북방초원 지대와 만주와 접경한 한반도는 지정학적으로 중국 대륙을 강타할 수 있는 망치였다. 초원이나 중국 대륙에서 부는 바람은 태풍이 되어 한반도를 강타하였다.

10세기부터 17세기 동안 만주에서 흥기한 여진족, 거란족, 원나라, 청나라 등 유목세력들은 한반도를 지배하기 위해 끊임없이 침략하였다. 한민족韓民族은 유목세력들의 침략에 굴복하지 않고 불굴의 항쟁을 통해 국권을 수호하였으며 정체성을 유지하였다.

한국인의 조상은 유목민들이었다. 오랜 옛날 한국의 조상들은 북방 초원 지대에서 보다 살기 좋은 한반도로 이주해 왔다. 아직도 유목민의 기질이 한국인의 DNA에 많이 남아 있다.

지난 1990년 외교부에 입부한 이래 지난 20년간 해외 근무하면서 현장을 방문한 체험을 토대로 유목민 이야기를 집필코자 하였다.

광대한 중앙아시아의 초원지대, 바다같이 깊은 러시아의 산림지대, 열강들의 각축 현장인 흑해의 크림반도, 유목민들의 기원지인 알타이 지역, 8세기 고선지 장군과 아랍세력 간의 유명한 탈라스 전투 현장, 비단길과 초원길이 통과했던 알마티, 타라즈, 투르케스탄, 사마르칸트, 이스탄불, 그리고 13세기 칭기즈칸의 큰 아들인 주치Jochi가 사망했던 제즈카즈간Jezkazgan 지역을 방문하면서 한때 유라시아를 지배한 유목민들의 생생한 이야기를 담으려고 노력하였다.

그동안 어려운 여건에도 불구하고 헌신해 온 집사람과 아들 승윤, 딸 지윤이에게 고마움을 전한다.

2018년 6월
송금영

차례

책머리에 강자가 세계를 지배한다　5

제1부

유목민은 누구인가

01
초원의 자유인, 유목민

1. 한반도에서 초원지대가 시작되다 · · · · 16
2. 유목민의 조상, 스키타이족(흉노족) · · · · 20
3. 중국의 목을 조르다 · · · · 24

02
하늘 신神을 믿다

1. 하늘을 숭배하다 · · · · 27
2. 유르트에 살다 · · · · 31
3. 춘분春分은 최고 명절 · · · · 35
4. 물과 불을 소중히 여기다 · · · · 39

03
서로 우애友愛롭게 살다

1. 부족끼리 모여 살다 ···· 43
2. 달나라에서 가족을 찾다 ···· 47
3. 손님은 신의 축복이다 ···· 49
4. 고향을 떠나면 행복하다 ···· 53
5. 초원은 가축들의 낙원 ···· 56
6. 초원은 음악의 바다 ···· 61

04
말은 영원한 친구이다

1. 말과 생사生死를 같이하다 ···· 64
2. 잘 달리는 말이 명마名馬이다 ···· 67
3. 말고기는 깨끗한 고기이다 ···· 71
4. 말 젖을 발효시키다 ···· 73

제2부

유라시아에 길을 개척하다

01
비단길은 고생길이다

1. 비단길이 유라시아를 관통하다 ···· 78
2. 신라가 유럽과 교류하다 ···· 83
3. 서돌궐이 비단전쟁을 일으키다 ···· 86

02
중국과 아랍이 충돌하다

1. 고선지高仙芝 장군이 서역西域을 정벌하다 · · · · 90
2. 이슬람과 유교문명이 충돌하다 · · · · 93
3. 종이와 나침반이 유럽을 개화하다 · · · · 95

03
이슬람을 수용하다

1. 신의 친구, 수피 · · · · 98
2. 땅굴에서 살다 · · · · 102
3. 모스크에는 종이 없다 · · · · 105
4. 노예 왕조를 열다 · · · · 112

제3부
유목민이 평화를 주도하다 Pax Nomad

01
유목민의 황금시대

1. 칭기즈칸이 세계를 뒤흔들다 · · · · 120
2. 자손들이 대업을 달성하다 · · · · 127
3. 쥐가 사자를 삼키다 · · · · 130

02
세계 최강의 기마군단

1. 몽골 기마병은 최강의 병사 · · · · 135
2. 사냥 기법으로 전쟁하다 · · · · 139
3. 빠른 자가 이긴다 · · · · 141
4. 적을 속이다 · · · · 146
5. 활은 최고 병기 · · · · 148
6. 육포는 최고의 전투 식량 · · · · 153

03
말위에서 제국을 통치 못하다

1. 제도를 정비하다 · · · · 156
2. 역참은 최고의 통신제도 · · · · 159
3. 세계가 소통하다 · · · · 163
4. 성지는 없다 · · · · 166

04
티무르의 이슬람 제국

1. 중앙아시아를 지배하다 · · · · 171
2. 성전聖戰으로 승리하다 · · · · 175
3. 전략에 승부를 걸다 · · · · 177
4. 인도를 점령하다 · · · · 180
5. 오스만터키를 격퇴하다 · · · · 182
6. 독감으로 사망하다 · · · · 188
7. 동방의 진주, 사마르칸트 · · · · 191
8. 새가 된 왕비 · · · · 193

05
한국인은 유목민遊牧民

1. 강남 스타일은 말춤 · · · · 195
2. 한국은 명궁의 나라 · · · · 198
3. 한민족韓民族 기원지는 초원지대 · · · · 202
4. 신라의 황금 문화 · · · · 205

06
유목제국이 망하다

1. 총과 대포에 망하다 · · · · 212
2. 한국인이 유목민과 항쟁하다 · · · · 218
3. 자연을 극복 못하다 · · · · 224
4. 바둑이 장기를 이기다 · · · · 227

참고문헌   230

제1부
유목민은 누구인가

01 초원의 자유인, 유목민
02 하늘 신神을 믿다
03 서로 우애友愛롭게 살다
04 말은 영원한 친구이다

01
초원의 자유인, 유목민

1. 한반도에서 초원지대가 시작되다

세계의 지도를 펴놓고 보면 유라시아의 북반구 허리 부분을 감싸고 있는 광활한 초원지대steppe가 펼쳐진다. 아시아와 유럽을 합한 유라시아가 세계에서 제일 큰 대륙이다. 유라시아 대륙의 중심부를 가로 지르는 초원지대가 북위 40-50도 사이를 통과하면서 벨트처럼 지구를 둘러싸고 있다.

유라시아 초원 지대는 동쪽으로는 한반도 북부와 만주에서, 서쪽으로 흑해의 크림 반도 및 유럽의 헝가리, 북쪽에는 중부 러시아와 시베리아 그리고 외몽골, 남쪽으로는 메르브Merv(10세기 세계에서 가장 아름다운 곳으로 불리었으며, 현재 투르크메니스탄에 위치)까지 횡대로 이어진다.

한반도는 유라시아 초원지대의 동쪽 끝자락에 위치하며 태평양을 마주보고 있다. 한반도 북부에서 거대한 유라시아 초원지대가 시작되며, 그 반대편 끝자락이 유럽의 헝가리이다.

　　한국과 헝가리는 조상이 모두 중앙아시아 유목민으로서 같은 아시아 인종이다. 헝가리는 유럽에서 독특하게 아시아계 마자르족이다. 헝가리의 국조國鳥는 까마귀이며, 고구려의 고분 벽화에는 태양 속에 세발 달린 까마귀三足鳥가 있다. 헝가리의 국화國花는 튤립tulip이며, 튤립의 원산지는 중앙아시아였다. 튤립은 북위 40도 지역에 자생하며, 중앙아시아에서 셀주크 터키와 오스만터키를 거쳐 17세기 유럽에 전래되었다.

　　이들 초원 지대가 고대부터 유목민들에게는 천혜의 보금자리이며, 말들의 천국天國이었다. 유목민은 영어로 '노마드Nomad'이며 어원은 '초원pasture'에서 유래하였다. 유목민은 초원에서 자유롭게 이동하면서 생활하는 사람들이라는 의미이다. 이들은 이동 가옥인 유르트yurt에 거주하며, 초원에서 방목을 위해 말, 양 등 가축들과 함께 하루에 5-10마일(5-16km)을 이동했다.

　　유목민들은 오랜 옛날부터 광대한 초원을 무대로 말, 양, 염소,

낙타 등과 같이 생활하면서 목축으로 자유로운 삶을 영위하였다. 유목민들은 북위 40-50도의 초원지대에 거주하여 유사한 기후와 생활방식을 공유하며 정착하고 소통하는 데 큰 어려움이 없었다. 이 같은 자연의 이점으로 유라시아 초원지대는 고대부터 동양과 서양을 이어주는 주요한 교통로였다.

흉노, 돌궐, 몽골인 등 유목민들이 말과 낙타를 타고 초원길과 비단길을 개척하면서 13세기부터 세계사의 변혁을 주도하였다. 한편, 초원길은 북위 40-50도에 위치하며, 비단길은 북위 30도-40도 사이로서 10도 아래에 있다.

유라시아 초원지대의 중심부에 중앙아시아가 자리 잡고 있다. 중앙아시아는 지리적으로 동부지역에는 천산Tien San, 天山산맥과 알타이 산맥이, 남쪽에는 히말라야 산맥으로 둘러 싸여 있으며, 초원은 내륙지역에 위치한다.

대륙내 큰 바다인 카스피해와 아랄해가 있으며, 중간 중간에 발하쉬 등 큰 호수가 자리 잡고 있다.

중앙아시아는 바다로 향한 출구가 없으며, 고대부터 초원길과 비단길이라는 육로를 통해 중국과 인도, 이란, 중동, 로마제국 등 외부 세계와 연결되었다.

중앙아시아 대부분은 인간이 거주하기에는 열악한 기후이다. 여름에는 약 40도, 겨울에는 영하 40도의 혹독한 추위를 보이는 극단적인 대륙성의 기후였다. 그리고 알타이와 천산 산맥의 인근지역을 제외한 여타 지역은 식물이 잘 자랄 수 없는 광대한 초원 지대이다.

그러나 봄이 오면 천산산맥에 쌓인 눈들이 녹아 대지를 적시면서 초원을 풍성하게 만들고 발해쉬 호수와 사막의 오아시스를 형성하여 수천 년 전부터 유목민들에게 삶의 공간이 되었다.

아무다리야Amudarya(darya는 바다를 의미)강, 이르티쉬Irtysh강, 이심Ishim강 등이 중앙아시아 초원의 젖줄이었다. 현재 타지키스탄의 파미르 산맥에서 발원한 아무다리야강은 길이가 1,800마일(2,896km)로서 중앙아시아에서 가장 긴 강이며, 아랄해로 흘러간다.

그리고 카자흐스탄 알마티 천산에서 발원한 시르다르야Syrdarya강은 1,400마일(2,253km)로서 아랄해로 흘러간다. 시르다르야강과 아무다리야강 사이에 300마일(482km)의 트란스옥시아나Transoxiana 평원이 자리 잡고 있다. 이들 강과 평원을 토대로 오늘날 우즈베키스탄의 사마르칸트, 부하라, 타쉬겐트 등 도시가 고대부터 발전하였다.

중앙아시아와 몽골의 광활한 초원에 4개의 사막이 자리 잡고 있다. 키질쿰Kizi-kum(카자흐어로 '붉은 모래'라는 의미) 사막, 카라쿰Kara-kum(카자흐어로 '검은 모래'라는 의미) 사막, 고비사막Gobi(몽골어로 '거친 땅'이라는 의미), 타클라마칸Taklamakan(위구르어로 '들어가면 나올 수 없다'는 의미) 사막이다.

이들 사막은 암처럼 초원을 갉아먹으면서 유목민들의 활동을 제약하고 생존을 위협하였다. 다른 한편으로는 이들 사막들이 외부 적들의 침입을 막아주는 방파제 역할도 하였다.

한편, 중앙아시아는 지리적으로 유럽과 아시아, 러시아와 중동 지역의 교차로에 위치해 있는 전략적인 요충지로서 유라시아의 심장부에 위치하여 고대 비단길을 통해 중국과 로마를 이어주는 다리 역할을 하였다. 이 같은 요충지에 일찍이 스키타이족이 등장하여 철기문화를 토대로 최초로 강력한 유목세력으로 부상하였다.

2. 유목민의 조상, 스키타이족(흉노족)

스키타이Scythians(흉노족의 일파)족은 기원전 700년부터 기원후 500년까지 이란 북부 지역과 투르키스탄 지역, 그리고 흑해 연안 등 중앙아시아 지역에 살았으며, 유목민들의 조상이 되었다. 투르키스탄Trukistan은 투르크Turk의 땅이라는 뜻이며, 천산산맥과 파미르 고원을 경계로 동서로 나누어진다. 동투르키스탄은 지금의 중국 신장 지역이며, 서투르키스탄은 오늘날 카자흐스탄, 키르기스스탄, 아프가니스탄 지역이다.

스키타이 종족의 명칭은 고대 페르시아어로 '스쿠타skuta'에서 유래하였으며, 영어로 'shooter'이며, 활을 쏘는 궁사였다. 이들은 수염을 기르고, 초원의 거센 바람을 막기 위해 귀를 덮는 끝이 뾰족한 모자를 썼다. 그리고 말을 타고 활동하기 편리한 헐렁한 바지를 입었고 활을 사용하였다.

페르시아인들이나 인도인들은 스키타이인들을 사카sakas족이라고 불렀고, 중국에서는 흉노匈奴(Xiongnu)로 불렀다. 사마천司馬遷(기원전 145-86)의 『사기史記』에서는 흉노를 오랑캐를 의미하는 호胡라고 칭하고, 선비 등 동쪽에 거주했던 민족들을 동호東胡라고 지칭하였다.

기원전 6세기 스키타이인은 인도, 이란계통의 유목민으로서 철제무기를 사용하여 중앙아시아 초원지대를 지배하는 강자가 되었다. 스키타이인들이 사용한 화살촉은 철제로 되어 있어 상대방의 갑옷을 쉽게 관통하여 살상력을 높였다.

스키타이족들의 철기 제조방법이 아시아, 유럽으로 전파되어 철기문화의 새 지평선을 열었다. 스키타이족은 초원의 길을 따라 중국, 헝가리까지 진출하였으며, 기원전 6세기경에는 철기무기의 우수성과 말을 이용한 기동성으로 최고 전성기를 맞이하였다.

스키타이 사회에서는 남녀 모두가 평등하였으며 동등하게 병사로서 전쟁에 참가하였다. 여성 병사들도 말을 타고, 활을 잘 쏘며 전투에 강하고 용감하기로 유명하였다. 당시 10세에서 45세까지 스키타이족의 여성들은 병사로서 활동하였다. 아마존Amazon이라는 단어는 고대 이란어로 여성 병사warrior를 의미한다. 초원의 열악한 환경에서 맹수와 외적으로부터 자신을 지키기 위해서는 남녀 모두가 강한 병사가 되어야만 했다.

스키타이족은 용감성을 과시하는 특이한 풍습이 있었다. 전쟁에서 적군의 목을 벤 수급을 최고의 수확으로 생각했고, 사람의 머리 가죽을 말안장에 매달고 다녔다. 그리고 순장의 풍습이 있었다.

스키타이족들은 당시 최대 군사 강국이었다. 기원전 6세기경에 페르시아(현재 이란 지역) 대왕 키루스Cyrus 2세가 이끈 20만 명 대군이 스키타이족에게 대패하기도 하였다. 당시 스키타이족의 왕은 여왕 토미리스Tomiris였다. 기원전 630년경 스키타이족들은 페르시아와 서남아시아를 침입하여 7년간 공포로 몰아넣었다.

스키타이족들은 기원전 4세기경 말을 타기 위해 등자鐙子(Stirrup)도 발명하였다. 등자는 구리와 철을 합금하여 제조되었으며, 유목민들이 말을 탈 때 발을 받치는 디딤대로서 몸의 균형을 잡아주는 주요한 도구이다.

지금도 사람들이 말을 탈 때 등자를 사용하고 있으며, 등자가 없으면 말을 타기가 어렵고 말위에서 활을 쏘거나 창으로 적을 찌르

말과 등자(고구려 무용총)

기가 어렵다. 기마 병사가 등자가 없이 말을 오랫동안 탈 경우 다리를 축 늘어뜨린 채 있어야 하기 때문에 다리에 울혈이 생긴다고 한다.

　스키타이 유목민들은 말안장도 개발하였다. 말안장은 가죽 혹은 나무로 만들어졌다. 스키타이족이 개발한 말안장, 등자와 승마용 바지, 그리고 신발 등 말을 타는 데 사용되는 여러 도구들과 철기문화는 비단길과 초원길을 통해 유럽, 인도, 중국, 한반도 등 인접지역에 널리 전파되었다.

　말안장과 등자의 등장으로 말을 탄 기병대가 전투에서 핵심 역할을 하게 되었으며, 중세 유럽에 기사단의 출현을 가져왔다. 등자는 중국에서는 2-3세기에, 유럽에서는 8세기에 등장하였다. 6세기경 신라 금령총金鈴塚(금방울 무덤) 고분에서 발견된 말 탄 사람의 토기에서도 등자가 보인다.

서기 378년 현재의 터키 북서쪽에 위치한 아드리아노플Adrianople에서 고트족과 동로마 간에 전투가 있었다. 고트족이 로마군에 압승할 수 있었던 이유는 등자였다. 고트족은 유럽의 바이크셀강 하류에 살던 동게르만계 부족으로서 스키타이족으로부터 1세기경 등자를 도입하였으며 말을 잘 탔다. 당시 등자가 없었던 로마 기병들은 말에서 떨어지지 않기 위해 한손으로 고삐를 단단히 쥐고 다른 한손으로 창이나 칼을 사용하였다.

그러나 등자를 이용한 고트족의 기병들은 두발을 등자에 디디고 양손으로 활이나 창을 사용할 수가 있어 훨씬 유리하였다. 특히 말들이 서로 부딪힐 때에도 등자가 없는 로마 기병들이 중심을 잡지 못해 불리하였다.

아드리아노플 전투 이후 로마도 보병보다는 기병 중심으로 군대를 편성하였으며 대부분 유럽지역에서도 중무장한 기마병이 군대의 주력이 되었다.

8세기 유럽에서 등자를 이용한 기마병이 보병 중심의 이슬람 군대를 격퇴하는 데 크게 기여하였다. 732년 프랑크의 카알 마르텔 대제Charles Martel(689-741)는 투르 프와티 전투Battle of Tours에서 승승장구 하던 스페인 우마이야 왕조의 이슬람 군대를 격퇴하였다. 프랑크 기마병들이 등자를 사용하여 대승하였다.

한편 등자의 명제Stirrup Thesis라는 것이 있다. 1962년 역사학자 하이트Lynn Townsend White, Jr는 8세기 등자의 출현으로 중세 유럽에 기마병이 군대의 주축이 되었고 창을 휴대하고 갑옷을 입은 기사제도가 생겨났으며, 봉건제도가 발전했다고 주장하였다.

3. 중국의 목을 조르다

서기전 3세기 말 흉노족인 스키타이Scythian 세력이 강성해지자 중국을 침입하였다. 당시 중국 진秦나라(기원전 221-206)가 중국을 통일하였으며, 흉노족에 대항하기 위해 만리장성을 구축하였다. 진나라는 유목민들의 기마 전술에 대항하기 위해 무거운 전차를 개발했고 헐렁한 기마용 바지도 유목민으로부터 도입했다.

마침내 중국 한나라(기원전 206-서기 220) 고조高祖(기원전 206-195)는 기원전 200년에 흉노족을 공격하였다. 그러나 한나라는 산서성 백등산 전투에서 패전하였고 흉노와 평화조약을 체결하였다. 조약 내용은 아래와 같다.

1) 만리장성을 양국의 경계로 삼는다.
2) 상호 형제관계를 맺는다.
3) 한나라 공주를 흉노왕에게 시집보낸다.
4) 매년 흉노에 옷감과 음식을 보낸다.

한나라와 흉노간의 화친은 굴욕적이었으며, 이 같은 불평등한 형제관계는 그 이후 300년간 지속되었다.

중국 한漢나라 무제武帝는 기원전 141년 황제로 즉위하자 흉노Xiongnu와의 화친정책을 포기하고 흉노를 정복하여 비단길을 장악코자 하였다. 기원전 108년 중국 한나라가 만주를 지배하고 있던 인접한 고조선을 정복한 것은 흉노의 위협을 사전에 제거하기 위한 목적이었다.

한무제는 고조선의 정복을 흉노의 오른손을 자른 것에 비유하였다. 당시 흉노와 고조선은 강국이었으며, 변방에서 중국의 목을 누르는 양팔이었다.

결국 중국 한나라는 흉노를 정복하지 못하고 만리장성을 경계로 서로 공존하였다. 한나라 무제는 흉노와의 전쟁에서 동맹국을 확보하기 위해 장건張騫(?-기원전 114), 감영甘英을 사신으로 서역과 중앙아시아에 파견하였다.

장건은 기원전 2세기에 중앙아시아와 서역을 13년간 여행하면서 비단길을 개척한 외교관이었다. 그가 여행하면서 보고 기록한 것은 한무제가 비단길을 개척하는 데 중요한 자료가 되었다. 1세기 후반 감영이라는 사신은 대진大秦(로마)으로 출발하였으며, 오늘날 시리아 안티오크Antioch까지 도착했다.

고조선에 이어 고구려가 만주를 지배하자 중국의 수나라와 당나라의 목을 조르기 시작하였다. 일찍이 고구려가 북방 유목민들로부터 철기문화를 도입하여 6세기 만주를 지배하는 강국으로 부상하였다.

고구려는 만주와 한반도 북부지역을 장악하면서 만주를 두고 접경한 중국 수나라와 당나라에게 주요한 위협세력으로 부상하였다. 한반도와 만주는 중국 대륙을 강타하는 망치와 같은 요충지였다.

고구려가 598-614년간 중국 수나라와 16년간 전쟁에서 100만 수나라 군대를 격퇴한 주요 이유는 철광산鐵鑛山을 개발하여 우수한 철제 무기로 무장하였기 때문이었다. 고구려의 주요 군사력은 '갑옷 입은 말을 탄 무사'라는 뜻의 개마介馬무사로 불린 철기병鐵騎兵이었다.

고구려는 중국과 전투시에 약 5천 명의 철기병을 동원하기도 하였다. 6세기 철기병은 동북아시아에서 최강의 무사였다. 고구려 무사들과 말들이 입은 철제갑옷은 철조각 수백 개를 이어서 붙인 찰갑札甲(lamellar armour)옷이었다.

당시 찰갑옷은 오늘날 방탄복의 역할을 하였다. 고구려 찰갑옷은 작은 쇠 조각을 서로 이어서 붙였으며, 보통 옷처럼 유연해 무사들이 자유자재로 활동할 수가 있었다.

한편, 이미 5세기에는 중앙아시아에 찰갑옷을 제작하는 기법이 유행하였다. 중앙아시아의 유목민이었던 사르마트인들은 일찍이 전투에서 창을 사용하고 원뿔형 모자와 쇠비늘로 된 갑옷을 착용하였다. 그리고 쇠비늘 옷은 사산조 페르시아(224-651) 병사들도 착용하였다.

02 하늘 신神을 믿다

1. 하늘을 숭배하다

유라시아 초원지대에서 생활하는 유목민 사회에서는 고대부터 하늘을 숭배하는 경천敬天사상이 유행하였다. 무한한 하늘은 인간에게 두려움과 경외심을 자아내었다. 유목민들은 고대부터 만물에 영령英靈이나 신이 있다고 믿었으며, 특히 끝없는 초원과 맞닿은 하늘을 숭배하였다. 유목민들은 잘못을 저지르면 천벌天罰을 받는다고 믿었다.

하늘을 카자흐어로 '텡그리'Tengri(Eternal Blue Sky)라 부른다. 현재 카자흐스탄 알마티와 중국 신장 지역에 걸쳐 있는 천산산맥(7,439m)의 최고봉을 텡그리(7,010m)라고 부르며, 유목민들은 성산聖山으로 숭배하였다.

그리고 무당巫堂이라고 불리는 샤만Shaman이 주술을 외우면서 하늘에 제사를 지내고 국가의 중대사를 결정하였다. 무당들은 양의 어깨뼈를 불에 구워 그 균열 상태와 모양을 보고 점을 쳤다.

샤만에는 검은 샤만과 하얀 샤만이 있었다. 검은 샤만은 죽은 조상들의 혼과 대화하며, 거울을 이용하여 악령들을 퇴치하였다. 반면 하얀 샤만들은 인간 세계와 초자연적 세계 사이의 중간자로서 인간들과 가축들에게 축복을 기원했다.

샤만들은 악령들과 싸우기 위해 힘이 필요하며, 여자보다는 힘이 센 부족장이나 남성이 샤만이 되었다. 샤만들은 병을 치료하고 어느 지역에 초지가 풍성한지 유목민들에게 알려주기도 하였다.

몽골 유목민들은 신들의 세계에도 계급이 있다고 믿었다. '텡그리'라는 '하늘 신' 아래에 99개의 작은 신들이 있으며, 동쪽에 44개의 신이, 서쪽에 55개의 신이 있다고 믿었다. 하늘을 대표하는 신이 '텡그리'라면 지상과 '풍요의 신'을 상징하는 여성 신인 '이튜겐Itugen'이 있었다.

몽골 유목민들은 또 다른 풍요의 신으로 '하얀 할아버지'White Old Man을 숭배하였다. 하얀 할아버지는 하얀 옷을 입고 하얀 머리카락을 하고 있다고 믿었으며, 한국의 산신山神 할아버지와 비슷하였다.

유목민들의 하늘숭배 사상은 사회와 정치제도에 반영되었다. 유목민들의 부족장과 지도자들은 자신들을 하늘의 자손이라고 자칭하였다. 중국 농경민들도 하늘을 숭상하였으며, 고대부터 중국 황제인 천자天子만이 국가의 주요한 행사인 제천祭天의식을 주재하였다.

유목민의 조상인 스키타이족(흉노족, 匈奴族)도 고대부터 하늘 신을 수호신으로 숭배하였다. 흉노족은 기원전 6-7세기 중앙아시아 알타이 지역을 본거지로 발흥한 유목민이었다. 이들은 기원전 209년에 중앙아시아와 몽골을 통일하여 초원에 역사상 처음으로 거대한 유목 제국을 건설하였다.

흉노족에 '선우單于'라고 불리는 군주가 있었는데 중국어로 '텡리고도선우'로 중국인들은 이를 '하늘의 당당한 아들'이라고 번역하였다. 투르크-몽골어에 따르면 텡리는 '하늘의 전사'에 해당된다.

또한 '선우'는 중국어의 어원적인 의미로서 '끝이 없이 넓다'라는 의미이며, 광대한 초원을 상징하였다. '텡리고도선우'는 한마디로 광대한 초원을 다스리는 하늘의 아들, 천자였다.

흉노족의 후예인 훈Hun은 몽골어로 '인간Human being'인데 몽골인들은 그들을 'Hun-nu' 즉 '태양의 사람'들이라고 불렀다.

돌궐과 몽골, 거란의 지배자들도 자신들을 '하늘의 대리인'으로 자칭하였다. 이들의 명령이 하늘의 명령이며, 그들에 대한 반역은 하늘에 대한 반역으로 간주하여 처벌하였다.

9세기 중국 당나라가 망하자 북방에 유목민인 거란契丹(Khitan)이 부상하기 시작하였다. 거란의 '야율아보기'는 907년 제위에 올랐으며, '텡그리 카간(하늘 황제)'으로 칭하였다. 거란족은 말을 토템으로 하는 씨족으로 '야율'은 '말'을 의미하였다.

몽골인들도 자신들을 '푸른 하늘'에서 유래하였다고 하면서 '푸른 몽골인'으로 불렀다. 몽골제국을 건설한 칭기즈칸은 자신을 '푸른 하늘의 아들'이라고 자칭하였다. 몽골인들은 하늘 색깔인 푸른색을 좋아했으며 신화에 의하면 몽골인들의 조상도 푸른색을 가진 회색의 늑대였다.

몽골인들은 하늘에 대한 종교의식을 마칠 때는 손바닥을 하늘로 향하게 하고 'huree'을 세 번 외쳤다. 이는 기독교인들이 모든 종교행사의 마지막에 '아멘'이라고 기도하는 것과 유사하였다.

칭기즈칸은 전 세계가 신(텡그리, 몽골인들에게 '영원한 하늘')의 거처라고 주장하면서 기독교나 이슬람의 성지 순례를 인정하지 않았다. 그러나 이슬람을 금지하지 않았고 외래 종교들에 대해서도 관용적이었다.

한편 경천사상은 고대 이집트, 중국과 한반도 등 동서양 여러 지역에서 유행하였다. 중국 전국시대 태어난 공자孔子(기원전 551-479)는 경천敬天사상을 정치제도에 접목시켜 천명사상天命思想을 주장하였다.

중국 황제는 하늘로부터 통치권을 위임받은 하늘의 아들인 천자이며 덕치로써 백성들을 다스려야 한다고 주장하였다.

공자는 천자가 하늘과 지상과 인간 사이에서 천하질서를 조화롭게 유지하기 위해 중재자 역할을 한다고 설명하였다. 그러나 역사상 하늘은 천자를 위한 하늘이었으며, 백성들에게는 빈 하늘이었다.

한국도 고대부터 천손天孫사상과 경천敬天사상이 유행하였다. 하늘의 아들인 단군이 만주에서 고조선을 건립하였다고 한다. 한국인은 하늘의 자손들이었다. 『삼국유사三國遺事』에 의하면 단군왕검檀君王儉이 기원전 2333년에 즉위하여 평양平壤에 도읍을 정하고 홍익인간弘益人間(인간을 널리 이롭게 하다)을 주창하면서 나라 이름을 조선朝鮮이라고 불렀다.

조선이라는 국명은 '신선한 아침의 나라' 혹은 '해가 뜨는 동방의 나라'라는 뜻을 지니고 있다. 홍익인간은 오늘날 대한민국의 건국이념이다.

서로 도우면서 유르트를 세우며, 약 3-4시간이 소요된다. 그리고 해체하는 데에는 약 1-2시간이 걸린다.

유목민들은 유르트가 나름대로의 영혼을 가지고 있다고 믿는다. 따라서 손님들이 유르트 내부로 들어올 때 안에 가족이 있든 없든 항상 머리를 숙이고 인사말을 한다. 아이들은 유르트에 들어올 때 어머니에게 먼저 인사를 하고 이어서 아버지에게 인사한다. 모계 중심의 사회 유풍이다.

어떤 유목사회에서는 남자가 결혼하면 아내의 성(性)을 따르기도 하였다. 그러나 8세기 이슬람이 중앙아시아에 전파되면서 여성의 지위가 낮아졌다.

한편, 외부인이 유르트에 들어올 때 문지방을 밟으면 안된다. 유르트의 입구와 문

지방은 유르트의 신이 거주하는 곳으로 신성시되었다. 유르트는 유목민들의 가족들을 위한 성지이며, 견고한 성이었다.

유르트 내부의 입구 반대편이 상석으로 토르tor로 부른다. 연장자나, 덕이 높은 사람이 이 자리에 앉는다. 외부 손님에게는 존경한다는 의미로 상석이 제공된다. 입구(남쪽)에서 보아 유르트의 오른쪽(동쪽)은 여성 지역으로, 왼쪽(서쪽)은 남성지역으로 지정되어 있다.

따라서 유르트 내부의 오른쪽 공간에는 식기 등 여성용 가정용품이 배치되고, 왼쪽 공간에는 남자들의 사냥 도구 등이 놓여 있다.

유르트의 중앙에는 화덕이 설치되며, 불은 유르트의 수호자로 중요시 되었다. 유르트 내에는 별도의 방이 없으며, 땅에서 발생하는 냉기를 방지하기 위해 땅 위에 양탄자를 깔고 약 10여 명의 가족이 공동으로 생활하였다. 가족 구성원들이 서로 피부를 맞대고 같은 담요를 덮고 살아가다보니 형제 관계가 강하다.

유목민들은 냄새로 친인척을 확인한다고 한다. 유목민들은 식물이나 동물에 특유한 향기나 냄새가 있는 것처럼 사람도 특유의 냄새가 있으며 냄새와 향기 속에 정령이 숨어 있다고 보았다. 동물들은 냄새로 새끼들을 알아보고, 위험을 감지하며, 먹거리를 찾는다.

유목민들은 전쟁터에서 적의 영혼과 섞이는 것을 피하기 위해 백병전을 기피했다고 한다. 몽골인들은 타인들과 의형제를 맺을 때 옷을 서로 바꾸어 입었다. 이는 옷의 냄새에 영혼이 살아 있으며, 서로 공유한다는 의미였다.

유르트에서 아이가 태어나면 40일간 부모나, 가까운 친척 이외는 신생아를 볼 수가 없으며, 이름이 없다. 엄마는 40일간 아이 옆에 불을 켜놓고 항상 악마의 눈이 아이를 쳐다보지 못하도록 지켜야 한다. 40일 되는 날에 가족 중에 가장 나이 많은 연장자가 아이의 이름을 지으며, 아이의 귀 가까이에서 이름을 3회 부른다. 그리고 처음으로 신생 아이의 머리와 손톱을 깎는다고 한다.

고대부터 유르트에서 태어난 신생아新生兒들의 사망률이 높아 40일간 이름을 짓지 않았다고 한다. 유목민들은 인간을 해치는 악마의 눈이 있다고 믿으며, 항상 악마의 눈을 조심해야 한다고 한다.

유목 어린이들은 양의 복사뼈로 만든 주사위로 공놀이를 하였으며, 추운 겨울날 얼어붙은 강위에서 뼈로 만든 스케이트를 즐겼다.

3. 춘분春分은 최고 명절

유목민들은 말을 타고 좋은 목초지를 찾아 이동하면서 삶을 영위한다. 이 같은 방랑 생활을 통한 유목민들은 초원과 자연을 이해하고, 나름대로의 세계관을 형성하게 되었다. 우선 유목민은 일 년 사계절의 변화에 따라 양이나, 말들을 방목할 초지의 위치를 정확히 알고 이동해야 한다.

태양과 사계절의 순환, 광활한 초원에서의 반복되는 이동의 경험으로 유목민들은 살아 있는 모든 것은 움직이며, 움직이는 것은 살아 있다는 세계관을 갖게 되었다. 세상은 발전하기보다는 순환한다는 가치관이 유목민들을 지배하였다.

새싹이 자라나는 봄은 유목민들에게도 새로운 한해의 시작이었다. 춥고 긴 겨울이 지나 봄이 오면 유목민들은 낮과 밤의 길이가

나우르즈 축제(카자흐스탄 아스타나)

같아지는 춘분에 신년 맞이 나우르즈Navruz 행사를 대대적으로 개최한다. 나우르즈는 3000년 전 고대 이란에서 시작되었으며, 페르시아어로 '부활', '신년'이라는 뜻이다. 유목민들에게 1년 중 가장 큰 명절이다.

유목민들은 춘분절春分節 새벽에 슈메락sumalak이라는 수프를 끓이면서 노래를 부른다. 슈메락은 물, 소금, 고기, 밀, 밀레트millet, 쌀, 우유 등 7가지의 식자재로 요리한다. 동이 트면서 초원이 붉게 타오르는 아침에 가족들이 같이 모여 슈메락을 먹고 서로 장수를 기원한다. 끝없는 초원에서 아침에 떠오르는 태양은 마치 바다의 일출을 보는 것과 같이 장관이다.

수확기인 가을에 개최되는 추수 감사절이 농경사회의 큰 명절이라면 나우르즈는 유목사회의 대명절이다.

유목민들은 나우르즈에 말고기를 많이 먹는다. 유목민들은 긴 겨울 동안 가족들이 먹을 수 있는 말들을 잡아서 지붕 처마 밑에서 말린 후 땅 속에 저장한다. 그리고 정기적으로 마른 말고기를 조금씩 꺼내어 요리해 먹는다.

한국인들이 김치를 저장해 겨울을 나는 것과 유사하다. 나우르즈 행사 때에는 겨울 동안 다 먹지 못하고 남아 있는 말고기를 한꺼번에 요리해서 마을 사람들이 다 같이 모여 나누어 먹는다.

봄은 새로운 일 년의 시작이며, 부활과 희망의 시기이다. 염소, 낙타, 양, 말들은 봄에 초원에서 새끼를 낳는다. 여름에는 유목민들에게 먹거리가 풍부한 풍성의 계절이고 행복한 시간이다. 먼 지역의 친지를 만나러 여행도 가고, 젊은이들은 야외에서 놀이를 즐긴다.

그리고 추운 겨울을 지내기 위해 바쁜 월동준비를 한다. 여자들은 양모로 옷과 양탄자를 짜고 먹거리를 준비한다. 가을이 오면 유목민들은 겨울 야영지로 이동한다. 유목민들은 자연을 즐기면서 초원에서 목가적인 삶을 영위하였다.

4. 물과 불을 소중히 여기다

고대부터 유목민들은 자연 만물에 신神이 있다고 믿었으며, 여러 신들을 수호신으로 숭상하였다. 유목민들마다 숭상하는 수호신은 다양하였으며 유목민들을 보호하는 역할을 하였다. 유목민들은 자신의 수호신을 타인에게 강요하지 않았으며, 다른 부족들이 믿는 수호신에 대해 관용적이었으며, 이민족들과 대립하지 않고 잘 어울렸다. 유목민들은 종교적인 율법에 속박되지 않고 자유스러운 생활을 영위하였다.

유목민들은 불의 신을 숭배하였으며, 불의 신이 인간과 가축들의 출생과 행복을 가져오고 액운을 막아 준다고 믿었다. 유목 여성들은 언제 어디에서든지 음식을 조리할 수 있도록 불씨를 잘 보존해야 했다. 유목민들에게 영하 40도의 추운 겨울날에 유르트 내부에서 모닥불로 온기를 유지하는 것이 무엇보다 중요하였다.

유목사회에서는 칼을 불속에 넣어서는 안 되며, 불 근처에서 장작을 패서도 안 되다고 믿었다. 불도 생명을 가지고 있으며, 칼로 불을 찌르는 것은 불의 목을 자르는 것으로 간주하여 금기 사항이었다. 불을 잘못 다루면 불이 노하여 숲을 태워 인간에게 복수한다고 믿었다.

유목민들은 만물의 정령이나 인간의 영혼은 고정된 곳이 아닌 움직이는 곳에 있다고 믿었으며, 흘러가는 물에 지구의 정령이 살아 있다고 믿었다. 유목민들은 피에 인간의 영혼이 살아 있다고 믿었으며, 피를 소중히 여겼다.

몽골인들은 타인끼리 서로 의형제를 맺을 때 맹약으로 영혼을 서로 같이 한다는 의미로 손가락에 피를 내어 술에 타서 나누어 먹었다.

몽골인들은 죄를 지은 죄수나 범죄인들을 처형할 때 피를 흘리지 않도록 허리나 등뼈를 부러 뜨려 즉사시켰다. 이 같은 관습으로 몽골에서는 고대부터 씨름이 발달하였다. 몽골인들이 적을 가장 멸시하는 방법은 적이 피를 흘리며 죽게 하는 것이었다.

유목민들은 물을 신성한 것으로 여겼다. 초원이나 사막에서 물은 인간과 동물들의 생존에 필수적이며, 자연히 신성한 것으로 간주되었다. 고대부터 유목민들은 물을 영령이 살아 있는 성수로 숭배하였으며, 물에 침을 뱉거나 더럽히지 못하도록 하였다. 유목민들은 봄이나, 여름에 흐르는 물에서 목욕이나, 빨래를 해서는 안 되며, 물에 소변이나 대변 보는 것을 금기시하였다.

8세기 중앙아시아에 이슬람이 유목민들에게 전파되면서 청결을 위해 물가에서 몸을 자주 씻을 것을 요구하였으나, 유목민들은 전통적으로 물을 숭배하여 이를 거절하였다. 유목민들은 천둥이나 번개는 물의 정령이 노해서 발생하는 것으로 믿었다.

번개나 천둥은 초원에서 살아가는 가축이나 동물들을 크게 놀라게 하며 어미가 새끼를 배고 있는 것을 어렵게 하는 등 큰 위험이었다. 유목민들은 번개 맞은 동물이나 가축의 고기에 악령이 있다고 믿어 이를 먹지 않았다.

유목사회에서는 음식에 대한 금기도 엄하다. 음식을 토하는 것은 음식의 신을 노하게 한다는 이유로 금기사항이었다.

중앙아시아에서는 대부분의 지명들이 주로 인간들의 생활에 중요한 물과 초원, 그리고 호수를 상징한다. 지명을 보면 어느 지역에 물이 풍부한지, 호수가 있는지를 알 수가 있다.

수개월간 먼 거리를 이동하는 유목민들에게 초원이나 사막에서는 물과 나무, 그리고 오아시스가 무엇보다도 중요하였기 때문이다.

유목민들이 숭배하는 신성한 장소에는 돌을 쌓아 무더기를 만들고 그 위에 깃대를 꽂았다. 대부분 신성한 곳은 마실 수 있는 샘물이 솟아 나오는 곳이었다.

유목민들은 귀중한 말을 함부로 다룰 수가 없었다. 말은 유목민들에게 친구이며, 생명과 같은 존재였기 때문이다. 말을 훔치는 것은 큰 범죄이며, 불필요하게 말을 함부로 채찍질해서도 안된다.

그리고 유목민들은 가족을 지키는 주요한 무기인 화살도 소중히 여겼다. 채찍으로 화살을 치지 못하게 하였다.

유목민들은 주요한 식량인 동물들의 개체수를 보존하는 데 노력하였다. 어린 새나, 새끼 동물을 사냥하지 못하게 하였으며, 동물들이 새끼를 낳고 키우는 3월부터 10월까지 가능한 사냥을 금지하였다. 유목민들은 자연과 공생하는 법을 알고 있었다. 어린 동물을 사냥하면 결국 큰 사냥감이 없어지게 된다.

몽골 유목민들은 하늘을 숭배하는 종교적인 의식을 행할 때는 모자를 벗고, 혁대를 풀고 9번 절을 하였다. 몽골인들은 9라는 숫자를 행운의 숫자라고 여겼으며, 몽골의 깃발과 휘장에는 말의 털로 9라는 숫자를 새겼다.

몽골인들이 13세기 기독교를 신봉하게 된 이유가 기독교의 예수Jesus가 9를 의미하는 몽골어 발음과 동일했기 때문이라고 한다. 반면 몽골인들은 서양에서 행운의 숫자 7을 불행의 숫자로 여겼으며 싫어하였다.

03
서로 우애友愛롭게 살다

1. 부족끼리 모여 살다

고대부터 광활한 초원 지대에서는 수백 명 혹은 수천 명의 부족들로 구성된 연맹체가 최적의 정치 형태였다. 수백 명으로 구성된 부족들이 평소에는 서로 떨어져 독립된 생활을 하면서도 먹거리가 부족하면 서로 연합하여 인접지역을 정복하고 약탈하였다.

평소에 수만 명이 한군데 모여서 집단적으로 생활할 수 있는 여건이 초원에서는 허용되지 않았다. 수만 명의 유목민들이 살기 위해서는 수천만 마리의 양과 말들이 필요하였다. 중앙아시아는 연중 비가 적게 오는 건조 지대로서 양들에게 필요한 광대한 초지와 풍부한 물을 구하기가 어려웠다.

한 마리의 말을 키우기 위해서는 약 3헥타르의 초지가 필요하다고 한다. 그리고 말이나, 양들을 한 곳에 너무 많이 방목할 경우 전염병에 쉽게 걸려 대량으로 죽을 수가 있어 위험하였다.

이 같은 열악한 기후 조건으로 고대 유목사회는 농경사회에 비해 인구가 적었다. 유목사회가 자연에 크게 의존하였기 때문이다. 중앙아시아 초원의 경우 연간 1헥타르에 약 300-400kg의 밀이 생산된다고 한다. 반면 비가 오는 초원 경우 밀 생산은 1,000-1,800kg, 관개수로가 된 지역의 밀 산출량은 3,000-4,000kg이리고 한다.

아열대 지역의 쌀농사 경우 연간 2모작도 가능하여 약 5,000-6,000kg을 쌀을 산출하며, 수확이 10배나 높다. 생태학적으로 말과 소 등 가축들이 100kg의 풀이나 곡물을 먹을 경우 1kg의 몸무게가 증가한다고 한다.

결국 동일한 영토 크기를 기준으로 산술적으로 계산하면 쌀농사가 주식인 중국의 인구는 빵을 주식으로 하는 유럽이나, 러시아보다 5-10배 인구가 많으며, 밀농사에 종사하고 국수와 육고기를 주식으로 하는 카자흐스탄은 러시아보다 인구가 10배 적다는 계산이 나온다. 고대부터 밀의 생산지인 중앙아시아에서는 빵과 국수 요리가 발전하였다.

고대부터 인구가 늘어나고 문명이 발전하는 지역은 밀이나, 쌀농사가 가능한 중국의 황하黃河강, 이집트 나일Nile강, 이라크 티그리스Tigris강 유역이었다. 대륙 초원과 사막지대에서는 인간이나 동물들이 생존하기 어려웠으며, 문명의 발전에 한계가 있었다.

결국 고대부터 초원에서는 수만 명의 유목민들이 모여 사는 고대 도시가 형성되지 못했으며, 2-3천 명의 부족들로 구성된 연맹체로 발전하였다. 유목사회는 농경 정주 사회와 비교해서 상비군과 관료제를 겸비한 중앙 집권적인 국가의 발달이 늦었다.

평시에는 유목 부족들은 독립적인 공동체로서 자신들의 목초지에 거주하였고, 전쟁 시에는 수십 명의 부족장들이 모여 회의를 통해 지도자를 선출하였다. 유목사회는 공통 이념이나 가치관보다는 생존과 이익에 따라 결합되는 느슨한 부족 연맹체이다 보니 부족들 간 배반 등 이합집산離合集散이 많았다.

유목사회는 법과 제도보다는 특정인 인물이나 무력에 의존하는 군사적인 연합체였으며, 강자만이 살아남았다.

전통적으로 대륙 유목민들은 성장하면 분가한다. 장남은 고향에서 제일 먼 곳으로 가서 독립적인 생활을 하고, 막내가 마지막으로 재산을 상속받으며 부모를 모신다. 막내는 몽골어로 'Otchigen'이며, 유르트를 지킨다는 의미로 '화덕의 왕자'Prince of Hearth라고 불리기도 한다. 반면 농경사회에서는 장남이 고향에 남아 부모님을 모시고, 그 이외 자식들은 분가한다.

유목민들의 부족 연맹체는 고대부터 산이나 강, 호수 등 자연적인 지형물들을 부족 간의 경계선으로 삼았고 인간 모양의 석상을 세워 경계선을 표시하기도 하였다.

그러나 8세기 이슬람이 전파되면서 우상을 금지하자 이같은 제주도 돌하루방과 같은 석상들도 사라졌다. 이슬람이 확산되자 석상이 사라지고 눈에 보이지 않는 이슬람이라는 종교적 영토가 국경선을 갈랐다.

한편, 세계 여러 지역의 지명이나 바다를 색깔로 표현한 것이 많다. 다른 부족이나 민족들 간 서로 소통할 수 있는 문자가 충분히 발달하기 전인 고대 사회에서는 색깔로 표현하는 지명이 오히려 편리하였다.

검은 바다인 '흑해', 붉은 바다인 '홍해', 이집트인들은 지구의

고대 석상(카자흐스탄 오스케멘)

중심이라는 의미인 지중해를 '하얀 바다'로 불렀다. 아프리카 최대로 긴 강인 나일강은 2개의 큰 강으로 구성되어 있으며 '하얀 나일강'과 '푸른 나일강'으로 불렀다.

유목민도 광대한 초원지대를 산이나 강, 호수, 사막 지명을 색깔로 구분하기도 하였다. 카자흐어로 '악크'라는 단어는 '하얗다'라는 의미이며, 악크가 접두사로 중앙아시아의 지명(악타우, 악크몰라두)에 많이 붙어 있다. 사막에서 여름은 태양이 너무 강렬해 모래가 하얗게 보이고, 겨울에는 눈이 많아 지표가 하얀 눈으로 덮인다.

카자흐어로 '크즐'이라는 단어는 '붉다'는 의미이며, '카라'는 '검다'는 의미이다. 20세기 초 한때 카자흐스탄의 수도였던 '크즐오르다'는 '붉은 도시'라는 의미이다. 카라쿰 사막은 '검은 사막'이며, 키질쿰 사막은 '붉은 사막'이라는 의미이다.

2. 달나라에서 가족을 찾다

세계 여러 나라 사람들이 지구에서 우주선을 타고 달나라로 여행을 갔다. 달에 도착하자마자 중앙아시아의 유목민인 카자흐인이 갑자기 뛰기 시작하였다. 동료가 왜 뛰어 가느냐고 묻자 카자흐인은 달에 가족이 살고 있는지 알고 싶어 뛴다는 것이었다. 혈연을 중시하는 유목민들의 특징을 단적으로 보여주는 유머이다.

유목민들은 가족이나, 씨족이 중심이 되어 초지를 찾아 같이 이동하며, 어릴 때부터 공동으로 생활하여 혈연을 무엇보다도 중요시하였다. 초원에서는 국가나, 사회보다는 가족이나 친족이 구성원들의 생활을 보장하고, 안전을 책임졌다.

유목 사회에서는 같은 가계의 남녀들이 서로 결혼하지 않았다. 다른 부족들과 결혼하는 족외혼族外婚이 관례였다. 족외혼의 관습은 유목사회를 통합시키는 주요한 접착세였다. 역사적으로 다른 부족이나 이민족간의 결혼은 쉬운 것은 아니었다.

이슬람에서 이교도와의 결혼은 원천적으로 금기시 되었다. 힌두교도 순수성을 유지한다는 명목으로 타민족간의 결혼을 환영하지 않았다. 17세기 미국 대륙에서 이민한 영국의 청교도들은 원주민과의 결혼이 허용되지 않았다.

족외혼은 동물들의 짝지기 행태에서 유래된 것 같다. 우선 말들은 같은 혈통끼리 교미하지 않는다고 한다. 어린 말들은 자기를 낳은 어미와 형제 말들을 몇 년이 지난 후에도 알아본다고 한다. 같은 엄마 말에서 태어난 새끼 말들은 성장하면 숫말은 남아있고 암말은 가능한 먼 지역으로 쫓겨난다. 성장한 숫말은 혈통이 다른 암말과 교미하여 새끼를 낳는다고 한다.

침팬지들도 같은 혈통끼리는 교미하지 않으며, 암 침팬지가 성숙하면 침팬지 가족들은 남자 침팬지는 남겨두고 여자 침팬지를 먼 곳으로 떠나보낸다고 한다.

동물들은 수천 년간 경험과 진화를 통해 족외혼이 종족을 유지해나가는 데 중요하다는 것을 알게 되었다. 동물들은 형제끼리의 근친결혼近親結婚이 우생학적으로 우성보다는 열성이 유전되며 결국 종족은 적자생존의 자연에서 퇴화한다는 것을 체득하게 되었다.

유목민들의 족외혼과 밀접하게 연계되어 있는 것이 족보이다.

유목민들은 족보를 가보로 중요시 하였다. 망망한 바다를 항해하는 배들에게 방향을 알려 주는 나침반과 같이 7대에 이르는 족보族譜는 광활한 초원을 오고 가는 유목민들에게 길을 안내하는 표지석 역할을 하였다. 인적이 드문 끝없는 초원에서 몇 달간 여행하는 유목민들은 결국 친인척에게 의지해야만 생존할 수 있었다. 중앙아시아 사람들은 지금도 자기들의 7대 족보를 보물처럼 모시고 있다.

오늘날 중앙아시아에서는 사업을 하거나 주요한 요직에 인물을 선발할 때에도 실력보다는 같은 가계에 속하는 자기들의 친족들을 우선 채용한다. 현재 가문과 족벌이 중앙아시아 정치와 사회적 출세에 큰 영향을 미치고 있다.

중앙아시아에서는 소수 몇 개의 가문들이 정치와 경제를 독점하고 있어 경제발전과 민주화에 걸림돌이 되고 있다. 가족의 한 구성원이 출세하면 다른 구성원은 물론 가난한 친지들의 생계까지 돌봐야 한다고 한다.

3. 손님은 신의 축복이다

유목민들은 낯선 외부인에 대해 개방적이고 관용적이다. 멀리서 방문한 손님을 두려워하여 경계하기보다는 환영하였다. 유목민들은 손님을 가정에 부와 행복을 가져다주는 신의 축복으로 귀하게 여기고 정성껏 대접하였다.

멀리 떨어진 곳에서 생활하는 유목민들에게 외부소식은 항상 궁금하며, 손님들은 세상 돌아가는 이야기를 전달하는 주요한 소식통이었다.

손님에 대한 접대는 카자흐스탄 음식문화에서 잘 나타난다. 베스바르막 besbarmark 은 '다섯 손가락으로 먹는 음식'이라는 의미로서 둥근 타원형의 접시위에 푹 삶은 말이나 양고기들을 부위별로 담은 풍성한 요리이다.

베스바르막 요리는 한국의 돼지고기를 푹 삶은 수육과 비슷하다. 오늘날에도 삶은 양고기는 맛이 일품으로 카자흐스탄 사람들에게 인기가 높다.

카자흐스탄 사람들은 떠나가야 하는 손님의 안녕과 평안을 기원하면서 손으로 직접 손님에게 삶은 양고기를 대접한다.

한편, 러시아에서도 추운 겨울날 먼 길을 여행하는 손님들에게 보드카 vodka 를 대접한다. 보드카는 알코올이 40도이며, 한잔 마시고 나면 몸이 훈훈해지고 추위를 견디는 데 도움이 된다.

현재 카자흐스탄에 약 120여 개의 소수 민족들이 큰 다툼 없이 평화롭게 살아가는 것은 손님에 대한 관용과 개방성에 기인한다. 카자흐 유목민들의 개방성은 20세기 초 고려인들이 정착에 큰 도움을 주었다.

고려인들이 1937년 가을 소련의 스탈린에 의해 일본의 스파이라는 오명으로 러시아 연해주에서 강제 추방당하여 카자흐스탄으로 이주하였다. 약 7만 명의 고려인들이 하루아침에 아무것도 없는 허허벌판에 버려졌으며, 굶주림과 추위로 인해 많이 사망하였다. 고려인들은 살을 에는 초원의 추위 속에서 서로 부둥켜 앉고 긴 밤을 지새웠다.

홍범도 장군 동상(카자흐스탄 크즐오르다)

당시 구소련의 지배를 받고 있던 카자흐인들이 이들 고려인들에게 먹을 것을 주고 이웃처럼 도와주었다. 중앙아시아에 정착한 고려인들은 대규모 농장에 벼농사를 도입하여 식량해결에 크게 기여하였으며, 부지런하고 성실한 민족으로 좋은 평판을 받았다. 유명한 항일독립 운동가였던 홍범도洪範圖(1868-1943) 장군과 계봉우桂奉瑀(1880-1959) 선생도 강제 이주 후 카자흐스탄 크즐오르다에 정착하였으며, 고려인 사회의 구심점이 되었다. 현재 카자흐스탄, 우즈베키스탄, 키르기스스탄 등 중앙아시아에는 약 37만 명의 고려인이 거주하고 있다.

유목사회는 삶의 근거지가 초원지대이고 정기적으로 초지를 찾아 이동해야 하는 만큼 타민족에 대해 개방적이고 관용적이었다. 유목민들은 서로 초지를 공유했고 하늘 숭배사상을 같이 했으며,

고려인 희생 기념탑(카자흐스탄 카라간다)

생활 풍습도 서로 비슷하여 문화적인 갈등이 적었다. 유목 민족들 간의 우애(카자흐어로 도스탁)가 관용과 화해의 기반이 되었다.

유목사회는 개방성을 통해 다른 부족 출신이더라도 차별하지 않고 우수한 인물들을 적극 영입하였으며, 세력을 확대해 나갔다. 고대 로마도 인접한 적들을 정복한 후 항복한 병사들을 노예로 삼지 않았고 동등한 로마 시민권을 부여하여 통합력을 높이고 제국으로 발전하였다.

4. 고향을 떠나면 행복하다

유목민들은 양, 염소 등 가축의 방목을 위해 풍성한 초지를 찾아 주기적으로 이동한다. 생존을 위해서는 새로운 환경에 잘 적응해야 하며, 모험성과 창의력이 요구되었다.

유목사회는 혈연중심의 공동사회이고 가부장적인 사회이다. 유목민들은 연장자를 존경하며, 연장자들의 지시에 순응한다. 좋은 목초지를 발견하거나 태풍이나 강한 눈보라를 극복하는 데에는 무엇보다도 경험이 많은 연장자의 조언이 중요하였다.

유목민은 여러 지역으로 이동하다보니 고향이 중요하지 않다. 유목민들에게 고향은 이동 천막인 유르트(yurt)였다. 농경민들은 '집 나가면 고생이다'고 하지만 유목민들은 '집 나가면 행복하다'. 유목민들은 방목할 초지를 찾아 돌아다니는 방랑생활을 하다 보니 농경민과 같이 한곳에 정주하지 않는다. 유목민들은 초원을 자연이 인간에게 준 선물로서 같이 공유하며, 내 땅이라고 소유권을 주장하지 않았다.

고대부터 초원은 바다와 같이 인류 모두가 사용할 수 있는 공유지였다. 바다에서 항해와 어업의 자유가 보장되는 것처럼 초원에서도 사유롭게 이동하고 가축을 방목할 수 있었다.

넓은 초원에는 주인이 없으며, 나의 것과 너의 것이 없다. 유목민들이 초원에서 잠시 머물다가 다른 곳으로 이동하기 때문이다. 유목민 사회에서는 토지는 소유권 보다는 이용권이라는 사고가 지배적이다.

이 세상의 모든 것은 잠시 점유의 대상이지, 소유의 대상이 아니었다. 반면 농경사회에서의 토지는 이용권보다는 소유권의 대상이었다. 유목민에게는 모든 것이 동산이며, 부동산이 없다.

항상 이동해야 하는 유목민들에게는 고정된 장소를 의미하는 성지라는 개념이 약한다. 예배를 보는 사원도 없고 휴대하고 다니는 기독교의 십자가나 이슬람의 코란 같은 성물聖物도 없다. 어디에서나 볼 수 있는 하늘이 사원이며, 성소聖所였다. 유목민들에게는 머무는 곳이 성지였다.

유목민들은 별로 저축하지 않는다. 항상 이동해야 하므로 가능한 소지품이나 짐을 가볍게 해야 하기 때문이다. 정주민들과 달리 유목민들은 유명한 그림이나 조각 등 미술품을 남기지 않았으며, 회화 문화가 발달하지 않았다.

농경민은 거주하는 토지에 대한 집착이 강하지만 유목민은 땅보다는 초지에 관심이 많다. 비가 많이 오면 같은 땅이더라도 초목이 무성하게 자랄 수가 있기 때문이다. 초원에 풀이 무성하지 않으

낙타를 타고 이동하는 유목민

면 유목민들은 다른 지역으로 이동한다. 철새처럼 유목민들은 가을이 오면 겨울에 머물 곳을 향해 이동한다.

유목민은 말이나 낙타를 타고 이동한다. 말은 초원에서, 낙타는 사막지대에서, 야크는 산악지대를 이동하는 데 사용되는 주요한 교통수단이었다. 낙타는 10일간 물을 먹지 않고도 생존한다고 하며, '사막의 배'라고 불리었다.

5. 초원은 가축들의 낙원

사회학에서 '공유지의 비극'이라는 것이 있다. 마을 주민들은 인접한 공유지인 숲에서 나무를 베어 땔감으로 밥도 짓고 집도 지었다. 주민들이 나무를 마구 베어가자 결국 몇 십 년 후에 숲에는 나무가 사라지고 황폐화 되어 마을 주민들은 모두 이주했다고 한다. 이를 '공유지의 비극'이라고 부른다.

유목민들은 수백 년간의 경험을 통해 가축을 방목하면서 초원을 보존하는 지혜를 터득하였다. 이 같은 경험을 바탕으로 초지들이 매년 잘 자랄 수 있도록 방목하는 가축의 규모와 종류를 제한하였다.

초원에서 자라는 가축들은 우선 유목민들에게 유용해야 하며, 먼 거리를 이동하는 데 어려움이 없어야 하며, 악조건에도 생존할 수 있어야 한다.

우선 돼지는 유목민들의 방목 대상에서 제외되었다. 돼지는 곡물을 먹고 자라며, 많은 물이 필요하며, 먼 거리를 이동할 수가 없어 초원에서 사육이 어려웠기 때문이다. 돼지는 도토리를 먹지 않으면 번식을 잘 못한다고 한다. 8세기부터 중앙아시아 유목민들은 돼지고기를 금기시하는 이슬람을 신봉하여 돼지 양육을 꺼렸다.

유목민들이 선호하는 가축은 말, 염소, 양, 낙타 등이었다. 몽골 초원에서 최적의 가축 비율은 10인 기준 가족의 경우 100마리의 양, 5마리의 소, 5마리의 말, 그리고 3마리의 조랑말이었다. 한 종류의 가축을 2년간 계속해서 동일한 지역에서 방목할 경우 같은 배설물의 독성으로 인해 초원의 풀들이 잘 자라지 않으며, 전염병이 유행한다고 한다. 양들의 배설물들이 1-2년간 초원에 계속 쌓이면 거름보다는 독이 된다.

농지에 동일한 비료를 계속 주면 곡물과 식물은 이상 발육을 한다. 농작물의 성장 시기에 따라 주는 비료 종류도 달라야 한다. 사람이나 동물도 동일한 종류의 음식을 계속 먹을 경우 영양의 불균형으로 잘 성장할 수가 없다.

결국 여러 종류의 가축 배설물이 혼합되어야 좋은 거름이 되어 초지를 기름지게 한다. 여러 종류의 가축을 동시에 방목하는 것이 공유지의 비극을 방지하는 방안이었다.

몽골의 경우 주요한 5대 가축은 양, 염소, 소(혹은 야크), 말, 낙타였다. 경제적 가치가 제일 높은 것은 말이다. 말은 기마병의 군마로서 전쟁시 주요한 전략적 자산이며, 오늘날 자동차와 같이 편리한 교통수단이었다.

한 마리의 숫말은 힘이 좋아 50여 암말을 거느릴 수 있었다. 숫말은 낮에는 암말이 도망가지 못하도록 잘 지키는 습성이 있어 밤에 늑대가 암말들을 습격 못하도록 감시자 역할도 하였다. 그리고 초원에서 자라는 말들은 곡물이 필요 없으며, 초지만으로도 말을 키울 수가 있었다.

초원에서 생활하는 5명의 가족 경우 25마리의 승마용 말과 짐을 싣는 4-6마리의 말이 필요하다고 한다. 암말이 숫말보다 순하고 새끼도 낳으며, 크미즈kimiz(발효 우유) 생산에 필요한 젖을 생산하여 숫말보다 선호되었다.

4살의 말 1마리 가치는 소 5마리 혹은 양 6마리와 비슷했으며,

2살이 된 말 가격은 4살의 말 가격의 50%인 양 3마리와 맞먹었다.

몽골인에게 말 다음으로 2번째 주요한 가축은 낙타이다. 낙타는 20-30년간 살며, 풀을 먹으면 약 한 달간 물을 먹지 않고 생존할 수가 있다고 한다. 낙타는 한 번에 약 57리터의 물을 저장하며, 수영도 잘 한다.

사람들은 낙타를 타고 사막에서 이동한다. 낙타는 물을 저장하는 혹이 하나인 단봉낙타Dromeday와 혹이 2개인 쌍봉낙타Bactrian 2종류가 있다. 중앙아시아에서는 쌍봉낙타가, 중동이나 아프리카 사하라 사막에서는 단봉낙타가 많다. 쌍봉낙타가 단봉낙타보다 성격이 순하여 선호되었다.

그러나 단봉낙타는 더위에 강해 중동 사막지대에서 인기가 좋았다. 낙타는 짐이 없는 경우 한 시간에 4마일(약 6km)을, 짐을 적재한 경우 한 시간에 2.5-3.5마일(4-6km)을 가며 하루에 약 30마일(48km)을 이동한다고 한다. 낙타는 오늘날 무거운 짐을 나르는 화물트럭이었다.

낙타는 봉峰속에 물을 저장하여 오랫동안 견딘다고 한다. 사막을 장기간 횡단하는 상인이나 유목민들은 오아시스를 발견하지 못해 갈증이 심하면 낙타를 죽여 봉속의 물을 마셨다.

사실상 낙타 봉속의 내용물은 대부분이 지방질이며, 낙타는 열악한 환경 속에서 지방질을 소비하면서 생존한다. 물이나 영양분이 보충되지 않으면 낙타 봉의 크기는 점점 작아진다고 한다.

낙타를 사육하는 데에는 많은 노력이 필요하였다. 왜냐하면 낙타를 초원에 방목하면 풀을 먹는 것에 정신이 팔려 홀로 고립되는 경우가 많았기 때문이었다.

중앙아시아의 쌍봉 낙타

낙타는 겨울철에 얼음에 넘어지면 다시 일어날 수가 없어 대개 죽는다고 한다. 낙타는 번식력이 약한 것이 단점이었다. 암 낙타는 5살이 되면 번식기에 접어들고, 임신은 봄에만 가능하며 가임 기간은 13달이었다. 그리고 출산이후 최소 2년 후에 다시 임신이 가능하여 낙타 수가 크게 증가하지 않았다고 한다.

양과 염소는 버터와 치즈, 우유를 제공하여 주요한 식량 자원이었다. 그리고 우유를 많이 생산하기 위해 염소와 양을 동시에 같이 방목하였다.

한 마리의 건강한 양이 매일 우유와 버터, 치즈를 제공하여 유목민들을 부양하였다.

양고기는 식용으로, 가죽은 옷감으로, 양털은 펠트felt의 재료로 사용되었다. 양은 버릴 것이 없어 인간에게 주요한 가축이며, 초원에서 방목되는 가축의 약 50-60%가 양이었다. 양들을 방목하는 곳의 최적 규모는 약 1,000마리였다. 너무 많으면 전염병에 걸리기 쉽고 초지를 구하기도 어렵다.

양과 염소는 초원에서 땅에 머리를 바싹 대고 풀을 뜯어 먹어서 풀이 거의 남아 있지 않는다. 따라서 양과 염소와 함께 같은 초지에서 말이나 소를 방목할 수 없고 다른 초지에서 방목해야 한다. 너무 많은 양과 염소들을 한 초지에 방목해도 문제가 발생한다.

양과 염소의 발굽으로 땅들이 파이고 기름진 흙들이 바람으로 멀리 날아가 초지가 황폐해지기 때문이다. 염소는 어디든지 풀과 나뭇잎을 먹고 잘 자라며, 우유와 털을 제공한다. 13세기 몽골인들은 염소의 뿔과 대나무, 그리고 소의 힘줄을 사용하여 활을 만들기도 하였다.

유목민들은 고산지대에서는 야크(Yak)를 이용하였다. 야크는 몸무게가 220파운드(99kg)이며 우유와 고기를 제공하고, 가죽은 천막을 만드는 데 사용되었다. 그리고 야크의 똥은 말려서 연료로 사용하였다.

한편 소들은 유르트를 끄는 데 사용되었으며, 가죽과 육고기를 제공하였다. 농경민들에게 소는 농사에 필수적인 가축으로 중요시하였으나, 유목민들에게는 소는 우선순위가 말과 낙타 다음이었다.

유목민들은 어릴 때부터 남녀 모두 가축을 잘 키우고 독립할 수 있도록 부모들로부터 교육을 받았다. 그들은 가축을 키우고 젖도 짜고 양털과 낙타털로 옷을 만드는 등 모든 일에 능통해야만 했다. 그래서 농경인처럼 노동 분업이 잘 발달하지 않았다. 유목민들은 가능한 스스로 모든 것을 해결해야만 했다.

유목민들은 가축을 노리는 늑대에 대항하기 위해 개와 매를 키웠다. 물론 개와 매들은 여우와 토끼들도 사냥하였으며, 여우 모피는 유목민들의 겨울 외투와 모자를 만드는 것에 주요한 자원이었으며 수출품이었다.

유목민들은 초원의 야생 동물로부터 가축을 지키기 위해 고대부터 개를 사육하였다. 이슬람 신도들은 개가 있는 집은 천사가 방문하지 않는다고 믿었으며, 개를 좋아하지 않았다.

하지만 오늘날 이슬람을 믿는 카자흐 유목민들은 양이나 염소 등 가축을 보호하기 위해 개를 중요시 한다. 오늘날 카자흐스탄에서 건강한 개 한 마리가 양 20마리와 맞먹는다.

6. 초원은 음악의 바다

초원 유목사회에는 고대부터 음악이 발달하였다. 유목민의 노래는 대부분 초원을 배경하고 있어 서정적이며, 바람과 말이 달리는 모습을 표현하고 있어 역동적이다. 끝없는 초원은 바다를 연상시키며, 초원에 부는 바람소리가 초원과 영원한 푸른 하늘을 노래한다.

카자흐 유목민들은 코부즈kobyz라는 두 줄로 된 현악기를 연주한다. 말 머리털로 줄을 만들며 소리가 울려 나오는 곳의 표면을 염소 가죽으로 덮었다. 전설에 의하면 코부즈를 연주하면 유르트에서 악귀를 몰아내고 악령이 사람들을 침범하지 못한다고 믿었다.

무당들이 코부즈를 연주하면서 병든 사람들을 치료했다고 한다.

어느 날 코르쿠트korkut라는 샤만(무당)이 죽음을 피하고 영생을 얻기 위해 초원을 방랑하고 있었다. 그는 죽음을 피하기 위해 계속 다른 곳으로 이동하였고, 사랑하는 낙타의 피부와 나무로 코부즈를 만들었으며, 낙타의 머리털로 활을 만들어 연주하였다. 연주하는 노래 가락은 반은 사람의 목소리고 반은 백조의 소리였다고 한다.

그는 어느 날 연주에 지쳐 자는 사이 뱀에 물려 죽었다고 한다. 죽음의 신이 뱀으로 위장하였다고 한다. 유목민들이 살기 위해서는 한곳에 오래 머물지 말고 항상 이동해야 된다는 단면을 보여준다.

오늘날 카자흐스탄의 대중 민속 악기는 돔브라dombra와 코부즈이다. 돔브라도 2개의 줄로 된 현악기이다. 카자흐 사람들은 끝없는 초원을 음악의 바다라고 부르며, 돔브라와 코부즈를 즐겨 연주한다.

한편, 코부즈는 중국, 인도, 유럽으로 전파되어 첼로와 바이올린의 원형이 되었다고 한다. 바이올린의 활도 말의 머리털로 만들었다.

돔브라

코부즈

 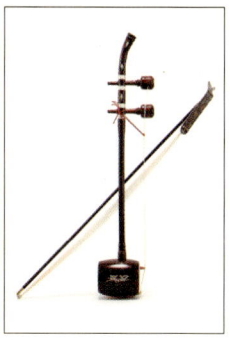

마두금　　　　　　　　　　　　　해금

몽골에서는 전통악기로 마두금馬頭琴(Morin Khuur)이 유명하다. 마두금은 6달 된 말의 머리뼈가 달려 있으며, 2줄로 된 현악기이다.

한국에서도 코부즈와 같은 두 줄로 된 악기가 있으며, 해금奚琴이다. 해금은 몽골 유목 민족인 해奚가 사용한 악기라고 하여 해금奚琴이라 한다.

04
말은 영원한 친구이다

1. 말과 생사生死를 같이하다

　말은 초원에서 살아가는 유목민들에게 하늘이 준 영원한 동반자이며, 주요한 자산이었다. 유목민들의 부와 권력은 말에서 나왔다. 말을 많이 소유한 자가 권력자였다.
　말은 18세기 자동차가 발명되기 전까지 인류의 주요한 교통수단으로 널리 사용되었다. 고대부터 말을 잘 키우는 것은 가정은 물론 국가의 주요한 업무였다. 영어 'groom'은 '마구간 지기'와 '신랑'이라는 의미가 있으며, 고대부터 말을 잘 키우는 남자가 좋은 신랑감이었다.
　인류가 말들을 길들이기 시작한 것은 기원전 약 3200년경이었다. 유목민들은 기원전 1000년경에 말을 타기 시작하였다. 역사상 처음 말을 탄 유목민은 키메르Cimmerians인으로서 그들은 오늘날 흑해연안의 카프카스 북쪽 초원지대에 살았다. 이들은 용맹하고

유목민들과 함께 순장된 말 모습

  전투 기술이 뛰어나 다른 민족들의 기마 용병으로 고용되기도 하였다.
  몽골 및 중앙아시아 유목민들에게 말은 고대부터 생사를 같이 하는 영원한 친구였다. 몽골고원과 중앙아시아 지역은 산이 거의 없고 광활한 초원이 끝없이 전개되어 말들을 방목하기에는 안성맞춤이었다.
  그리고 말은 영하 40도의 혹독한 기후에도 잘 자라 세계적으로 추운 지대인 중앙아시아 유목민들에게 생활의 버팀목이었다.
  말이 없는 몽골인은 '날개 없는 새'에 비유한다. 초원의 말들은 서양의 말과 달리 힘이 세며, 쉬지 않고 한번에 6마일(약 9.6km)을 질주할 수 있다. 13세기 몽골인들은 말을 타고 9일 만에 600마일 (960km)을 달렸다고 한다.

유목민들은 남녀 모두 3살 때부터 말 타는 법을 배우기 시작한다. 걷기보다는 말 타는 법을 먼저 배운다. 유목민들은 마치 개를 휘파람이나 음성으로 길들이는 것처럼 말들을 훈련시키고 능숙히 조종하였다.

유목민들의 기마 군대에는 말을 특별히 잘 다루고 보살피는 병사가 별도로 있었다. 유목민들은 장시간 말을 탈 경우 현기증이 나는 것을 방지하기 위해 약 15피트(약 4미터) 길이의 비단으로 횡경막 주위의 몸통을 단단히 둘러매었다고 한다.

유목민들은 말이 5살이 되면 말 입을 뚫어서 길을 들이고 이어서 말안장, 고삐, 등자鐙子를 설치하여 말을 탄다고 한다. 등자는 철제이며, 말의 안장鞍裝은 나무나 가죽으로 만들었다. 등자와 말의 안장이 부서지면 말 털로 수리하였다. 말 털은 매우 강하며 현악기를 연주하는 활의 재료로 사용되었다.

유목민들은 태어나서 죽을 때까지 말과 생활을 같이 한다. 그리고 타고 다닌 말이 노쇠하면 말들을 초원에 풀어주고 남은 삶을 자유롭게 살게 하였다. 유목민들이 죽으면 말들도 같이 산채로 순장되었으며, 유목민들의 무덤 속에는 말의 유골이 많이 발견된다. 유목민들은 죽으면 영혼이 말을 타고 하늘나라로 간다고 믿었다. 하늘을 날아가는 날개 달린 천마天馬들의 형상이 유목민들의 예술작품과 고분에 많이 남아 있다.

신라시대 천마총天馬塚 고분에서 천마 한 마리가 하늘로 올라가는 천마도가 발견되었다. 천마도는 자작나무 껍질위에 그려져 있

신라시대 천마총

으며, 자작나무는 영하 40-50도의 시베리아 지역에서 잘 자라며 재질이 매우 단단해 오랜 간다.

2. 잘 달리는 말이 명마名馬이다

13세기 유라시아를 정복한 몽골인들은 말이 뚱뚱하든 야위든 어떤 조건하에서도 오랫동안 잘 달리는 말을 명마名馬로 불렀다. 오늘날 어떤 도로든 고장 없이 잘 달리는 자동차가 좋은 자동차이다.

고대부터 몽골인들은 작은 말을 타고 기마술이 뛰어나 중국을 자주 침입하였다. 중국 왕조들은 작은 몽골 말에 대항하기 위해 고대부터 천리마千里馬라는 명마를 구하기 위해 중앙아시아로 진출하였다.

명마 중에서도 한혈마汗血馬가 유명하였다. 한혈마는 오늘날 우즈베키스탄의 페르가나Fergana(중국말로 대완大宛) 지역에서 성장한 말을 지칭하며, 빨리 달리면 땀으로 붉은 피가 나와 한혈마라고 불렀다.

초원에서 최악의 날씨는 눈이 오고 추워서 얼음이 어는 경우이다. 대부분 가축들이 초지에 얼어붙은 풀을 뜯어 먹을 수가 없기 때문이다. 다만 중앙아시아에서 자라는 말들은 말발굽으로 눈과 얼음을 제치고 풀을 뜯어 먹지만 유럽과 이란 지역에서 자라는 말들은 추위에 약했다고 한다. 자연히 중앙아시아산 말들이 명마로서 선호되었다.

18세기 프랑스 나폴레옹B.Napolen(1769-1821)이나 20세기 독일 히틀러Adolf Hitler(1889-1945)는 러시아를 침공했으나, 결국 매서운 추위와 한파로 인해 철수하였다. 그러나 13세기 몽골은 러시아를 정복하였다. 그 이유는 몽골 말들이 추위에 잘 견디며 높은 기동성을 유지하였기 때문이다.

몽골 기마군단은 오히려 강한 추위로 강이 얼어붙는 겨울에 이동하여 러시아와 유럽을 공격하였다. 추운 겨울날에는 이란이나 유럽산 말들은 대부분 기동이 어렵다고 한다.

유목민들은 말들의 속성을 잘 이용하였다. 거세된 말은 소리를 내지 않는 것을 알고 전투에서 매복할 경우 거세된 말을 이용하였다. 보통 암말과 숫말은 매복할 경우 발정기에 서로 사랑의 표시로 우는 소리를 내기 때문에 제외되었다고 한다.

숫말은 암말을 잘 다스리고 보호하는 기질이 강하다. 유목민들은 숫말이 밤에 암말들이 도망가지 못하도록 지키게 하였으며, 동물들로부터 암말을 보호하게 하였다.

훌륭한 말들을 키우기 위해서는 기법이 필요하였다. 유목민들은 봄이나 여름에는 승마하지 않고 말들을 초지에 자유롭게 방목하여 튼튼한 말로 키웠다. 유목민들은 말들이 너무 살이 찌지 않고 전투에서 잘 뛸 수 있도록 풀의 양을 조절하였다.

그리고 말을 탄 이후에는 말의 원기를 회복시키기 위해 우선 말안장을 풀고 말 머리를 높게 하고 말들의 거친 숨이 조용해질 때까지 기다린다. 그 이후 마초를 먹인다.

말은 지역에 따라 체구가 상이하다. 카자흐스탄 초원의 말들은 몽골지역의 말보다 목이 길며, 체구도 크고, 지구력이 강한 것이 특징이다. 산악 지대가 아니 초원에서 풀을 먹게 되어 목이 길어지게 되었다. 반면 몽골 말은 다리가 짧은 작은 말로서 질주하면 쉽게 지쳐 빠른 걸음으로 가며, 한 번에 쉬지 않고 6마일(약 9.6km)을 간다고 한다.

말들이 여름에 40도와 한 겨울에 영하 40도가 되는 카자흐 초원에서 생존하기 위해서는 지구력이 강하게 되었다. 말들이 추운 겨울에 초원에서 서로 머리를 맞대고 서서 잠을 자는데 숨 쉴 때 나오는 열기가 서로를 따뜻하게 하기 때문이다.

카자흐스탄 초원에서 자라는 말들은 소금물을 먹고도 생존할 수가 있다고 한다. 카자흐스탄은 과거에 바다가 융기하여 생성된 육지로서 땅에 소금기가 많다. 오늘날도 초원에서 바람이 불어오면 소금 냄새가 나며, 나무와 곡물들이 잘 자라지 않는다.

한편, 유럽산 말들은 잘 돌봐주지 않으며 허약해진다. 그러나 중앙아시아의 초원의 말들은 사람이 돌보게 되면 오히려 허약해진다. 중앙아시아 유목민들은 봄과 여름에 말을 초원에서 자유롭게 놀게 하고 간섭하지 않는다.

또한 말의 갈기와 꼬리가 자연스럽게 자라도록 방치한다. 풍성한 말털과 갈기는 영하 40도의 추운 겨울을 견디게 하는 방한복이며, 긴 말 꼬리는 여름에 파리를 쫓는 데 사용한다.

말은 버릴 것이 없을 정도로 여러 용도에 사용되었다. 말의 가죽은 북, 장구 등 악기 제작에서 사용되었으며, 말총은 조선시대 한국 사람들이 쓰고 다니던 갓에 사용되었다. 그리고 말의 갈기는 내구성이 강해 바이올린, 첼로 등 현악기를 켜는 활의 현을 만드는 재료로 널리 사용되었다.

한국 제주도에 조랑말이 있다. 13세기 하반기 몽골의 원나라가 고려와 함께 일본을 정복하기 위해 말을 제주도에 방목하기 시작하였다. 제주도에 방목된 말은 중앙아시아가 아닌 몽골 출신의 작은 조랑말이었다.

몽골 말들은 카자흐스탄 말과 비교할 때 신체가 작다. 동양 사람들은 신체가 작아 큰 말보다 작은 말을 타기가 쉽다. 6-7세기 고구려인들은 과하마果下馬(말이 체구가 작아 '과일나무 밑을 지나갈 수 있다'는 의미)라는 조그만 한 말을 타고 만주 대륙을 정복하였다.

3. 말고기는 깨끗한 고기이다

중앙아시아 초원지대는 겨울에 너무 춥고 강수량도 적으며 바다가 융기한 지역으로 소금기가 많아 곡물이나 채소가 잘 자라지 않는다. 옛날부터 말고기와 양고기, 우유는 초원 유목민들의 주식이 되었다. 유목민들은 초원 지대에서는 바다가 없어 해산물에 대해서는 익숙하지 않았다.

유목민들은 6개월간의 길고 혹독한 기후에 견디기 위해 지방과 고단위의 단백질을 섭취해야 하며, 말고기가 최적이었다. 특히 중앙아시아와 몽골 유목민들은 말고기를 좋아한다. 말은 영리하여 오염된 물이나 풀을 먹지 않아 말고기는 깨끗하다. 말고기는 지방질이 적어 많이 먹어도 배탈이 나지 않는다.

유목민들은 말고기를 즐겨 먹어 힘이 세고, 혹독한 추위에 잘 견딘다고 한다. 오늘날 중앙아시아 카자흐인들이 세계에서 말고기, 양고기 등 육고기를 제일 많이 먹는 다고 자랑한다.

유목민들은 모든 말을 식용으로 사용하는 것은 아니다. 사람이 타고 다니는 말은 절친한 친구로서 도살하지 않는다. 식용으로 도살되는 말은 별도로 사육한다.

유목민들은 겨울이 오면 가축 중에 겨울을 넘기기 어려운 병들고 허약한 가축을 도살해서 땅속에 저장해서 양식으로 먹었다. 건강한 가축은 남겨서 다음해 봄에 다시 사육하였다.

유목민들은 찬 음식이나 날 것을 잘 먹지 않는다. 음식은 익혀 먹었고 따뜻한 물이나 차를 마시는 것이 건강에 좋다는 것을 고대부터 체득하였다. 지금도 중앙아시아 사람들은 더운 날씨에도 찬 음료수 보다는 뜨거운 말고기 수프를 즐겨 마시다.

더운 날에도 차가운 물보다는 따뜻한 물이 오히려 갈증 해소에 도움이 된다고 한다. 유목민들은 고대부터 생수를 구하기 어려운 초원에서 병에 걸리지 않기 위해 물을 끓여 먹었을 것이다.

유목민들은 음식을 이름보다는 색깔로 구분하기도 했다, 양고기와 말고기 등 피가 섞인 육고기는 붉은 색깔을 띠고 있어 빨간 고기라고 불렀다.

반면 하얀 밀가루로 만든 빵과 라그만lagman(국수 일종), 말과 염소 우유 등은 하얀 음식이라고 불렀다. 명칭이 없는 음식은 색깔로 구분하는 것이 편리하였다.

오늘날 몽골에서는 음식을 백식白食과 홍식紅食으로 구분한다. 백식은 음식 색깔이 하얀색(유제품 등)이며, 순결하고 고상한 음식이라고 여기며, 여행을 떠나는 친지들에게 제공한다. 홍식은 음식 색깔이 붉으며, 육류들이며, 시집가는 딸에게 삶은 양 가슴의 부위를 먹인다.

유목민들은 대개 여름에 가축들을 도살하며, 생고기를 초원의 뜨거운 햇빛에 건조하여 겨울 식량으로 저장하였다. 오늘날 육포의 기원이었다. 그리고 특별한 행사 경우에만 말을 도살하며 대부분은 양을 식용으로 도살하였다.

오늘날 중앙아시아와 몽골의 양고기 맛이 서로 다르다. 그것은 양을 도살하는 방법이 서로 다르기 때문이다. 중앙아시아는 이슬람 신도들이 많아 이슬람식으로 양을 도살한다. 이슬람 사회에서는 정신이 건강한 남자만이 가축을 도살하며 동물의 머리를 이슬람의 성지인 메카로 향하게 한 후 도축한다고 한다.

4. 말 젖을 발효시키다

세계 음식을 크게 나누면 발효 음식과 비발효 음식으로 대별할 수 있다. 대표적인 발효 음식은 고추장, 김치, 간장, 된장 등이며, 간장으로 음식의 간을 맞춘다. 반면 비발효 음식은 소금으로 간을 맞춘다.

유럽의 밀가루와 빵 중심의 생활권은 비발효 음식권이며, 반면 한국, 중국, 일본은 대표적인 발효 음식권이다.

초원과 사막의 유목지역은 비발효 음식권이다. 그러나 유목민들도 발효음식이 있으며, 그 대표적인 것이 말 젖을 발효시킨 크미즈이다. 봄이나 여름에 덥고 건조한 날에는 암말 젖을 발효시켜 만든 '크미즈'kimiz라는 발효 우유를 자주 마셔 갈증을 해소한다.

갓 짜낸 말 젖을 여러 날 저장하면서 저어 주거나 통에 넣어 흔들면 크미즈가 된다. 암말 한 마리가 생산하는 젖의 양이 너무 적어 한 통의 크미즈를 생산하기 위해서는 수십 마리의 말 젖이 필요하다. 몽골 황실들은 백마를 숭상하였으며, 백마의 젖을 발효시킨 크미즈를 복용했다.

초원의 말들은 봄에 자라나는 새싹을 먹고 젖을 생산한다. 이 젖으로 만든 크미즈가 최상품이다. 풀의 종류가 다양한 만큼 크미즈는 지역마다 맛이 다르며, 종류가 많다. 크미즈는 알코 도수가 약 3.5도이며, 많이 먹으면 취한다. 오늘날 카자흐스탄에서는 차를 운전하기 전에 크미즈를 마시는 것을 금지하고 있다.

8세기 중앙아시아에 도입된 이슬람은 술을 금기시 하였지만 유목민들은 생존을 위해 크미즈를 즐겨 마셨다. 오늘날 중앙아시아

크미즈

사람들은 크미즈를 갈증 해소는 물론, 천식, 폐결핵 치료제로서 봄과 여름에 자주 마신다.

2차세계대전시 구소련군의 포로가 된 독일병사들은 먼 카자흐스탄에 유배되었다. 영하 40도의 추운 긴 겨울을 지내면서 폐결핵에 걸렸다. 이들은 치료를 받지 못했고 당시 유목민들 사회에서 민간요법으로 전해오던 방식에 따라 크미즈를 복용하여 폐결핵을 완치하였다고 한다.

오늘날 크미즈는 공장에서 대량으로 생산되며 사시사철 마실 수가 있다. 카자흐스탄 사람들은 낙타의 젖을 발효시킨 슈바트 shubat도 즐겨 마신다. 크미즈는 사람들의 폐와 내장을 청소하는 데 좋으며, 슈바트는 피를 깨끗이 한다고 한다.

한편, 몽골인들은 크미즈에 익숙하여 술을 좋아하였다. 13세기 칭기즈칸은 술을 멀리했지만 그의 자식들은 술을 즐긴 음주가였다. 특히 칭기즈칸의 셋째 아들인 오고타이 Ogodel(1186-1241)는 대주가 大酒家였으며, 술을 너무 좋아하여 결국 국정을 게을리 하여 강성했던 몽골제국의 몰락을 재촉하였다고 한다.

몽골 병사들이 13-14세기 선진국인 중국과 유럽지역을 정복하면서 먼저 접한 것이 맛있는 와인 등 술이었다. 말 젖을 발효시킨 조잡하고 신맛이 나는 크미즈만 마시던 몽골인들에게 달콤한 와인과 쌀로 빚은 중국의 곡주는 최상의 맛이었다.

몽골 병사들이 술을 너무 자주 마셔 군대 기강과 규율이 헤이해지자 칭기즈칸은 1달에 3회 음주를 허용하였다. 그는 몽골인들이 한 달에 3회 이상 술을 마실 경우 범죄자로 취급하여 처벌하였다. 칭기즈칸은 술이 당시 세계 최강이었던 몽골인들의 군사력을 저하시킬 것을 우려하였다.

한편, 크미즈는 한국과 중국에도 전래되었다. 크미즈는 고대 흉노를 거쳐 중국 한나라(기원전 206-220)에 도입되었으며, 고려시대에 중국 원나라(1260-1368)로부터 마유주 馬乳酒(몽골어로 아이락Airak)라는 이름으로 한반도에 유입되었다.

제2부
유라시아에 길을 개척하다

01 비단길은 고생길이다
02 중국과 아랍이 충돌하다
03 이슬람을 수용하다

01
비단길은 고생길이다

1. 비단길이 유라시아를 관통하다

비단길은 북위 30-40도상에 위치하며 15세기 새로운 해양의 길이 개척되기 전까지 동양과 서양을 이어주는 주요한 육상 통로였다. 중국의 서쪽에 위치한 오르도스ordus가 중앙아시아와 중국 신장新疆지역을 이어주는 회랑으로서 전략적인 요로였다.

중앙아시아에 위치한 천산天山 산맥과 알타이 산맥 사이에 중국 쪽으로 해발 1천 미터 미만의 중가리안 분지와 타림분지가 뻗어있다. 이어서 고비사막, 오르도스 고원이 나타나고 중국 중원과 이어진다.

오르도스는 해발 1천에서 2천 미터 사이의 고원 평원지대로서 오아시스가 많다. 오르도스에서 고비사막을 지나 중가리안 분지와 타림분지를 통과하면 중앙아시아에 도달한다. 소위 비단길이다.

중국 한나라(기원전 206-220)는 기원전 60년 흉노 내분의 기회를

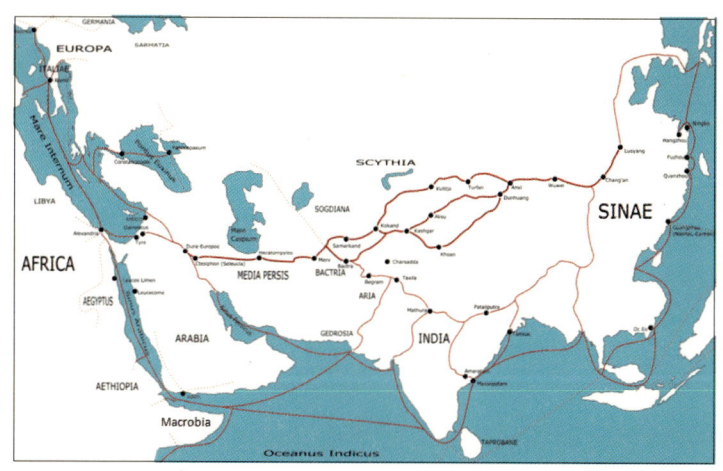
비단길

이용하여 흉노로부터 비단길을 장악하였다. 이때부터 한나라는 중앙아시아에서 영향력을 행사할 수 있게 되었다.

비단길을 통해 한나라에서 중앙아시아, 인도, 이란, 그리스, 로마까지 연결되었으며, 비로소 유라시아가 소통되었다. 오늘날 세계화의 한 과정이었다.

한편 유목민과 농경민들은 비단길을 통해 서로 필요한 물건들을 거래하였다. 농경민들은 말의 안장, 칼 등 금속제품, 식량, 옷감 등을 수출하고 대신, 유목민들은 말, 양모, 모피와 우유 등을 수출하였다.

중국은 비단을 수출하고 대신 사산조 페르시아(224-651)와 비잔틴 제국(395-1453)으로부터 호박 등 사치품들을 주로 수입하였다. 당시 중국산 비단은 왕이나 귀족들의 옷감은 물론 중국, 페르시아, 중앙아시아에서 화폐로도 사용되어 수요가 많았다.

비단은 아름답고, 특히 해충에 상하거나 쉽게 헤어지지 않아 견고하여 인기가 높았다. 유목사회에서 군사들에게 비단으로 봉급을 지불했으며, 유목 병사들은 질긴 비단 천을 여러 겹으로 겹쳐 갑옷을 만들어 전투시 착용하기도 하였다.

먼 중국에서 가져온 비단을 중앙아시아에서 다른 물건과 거래할 때 서로 언어가 달랐지만 큰 어려움이 없었다. '갑'이라는 상인이 시장터에 비단을 쌓아 놓으면 '을'이라는 상인이 비단 가격에 상응하는 다른 물건을 비단 앞에 놓았다.

'갑'이라는 상인이 '을'이 남겨 둔 물건을 가져가면 거래가 성사된 것으로 서로 이해하였다. 19세기 유럽 상인들이 아프리카에 처음 진출하여 언어가 통하지 않는 원주민들과 해안가에서 물물교환 할 때 이와 유사한 방식으로 거래했다고 한다.

고대부터 초원의 길과 비단길이 발달하여 한반도, 중국과 중앙아시아, 그리고 페르시아와 중동을 거쳐 로마제국까지 연결되었다. 약 6,500km였다.

중국 해안에서 페르시아까지 약 150일이, 그리고 페르시아(현재의 이란)에서 고대 로마 국경선까지 약 80일이 소요되었다. 고구려에서 서역(오늘날 중국의 신장), 중앙아시아 이란을 거쳐 지중해까지 이동하는데 약 230일이 걸렸다고 한다.

당시 주요 교통수단은 말과 낙타였다. 초원에서는 말이 유용했고 사막에는 낙타가 사용되었다. 낙타는 10일간 물을 먹지 않고도 견딜 수 있어 '사막의 배'라고 불렀다. 낙타는 강한 모래 태풍이 멀리서 불어오면 미리 감지하고 자세를 낮추면 유목민들은 큰 나무 밑이나 바위 아래 등 피신처를 찾았다.

초원길의 무덤(카자흐스탄의 제즈카즈간)

한편, 기원전 2세기경에 한나라 장건이 17년간 서역과 중앙아시아를 여행하였다. 800년 이후 629년 당나라 구법승 현장玄奘(602-664)이 불법을 구하기 위해 비단길을 거쳐 토크막, 타쉬켄트, 사마르칸트를 방문하였다.

현장 스님은 파미르 고원을 통해 카쉬가르, 야르칸드, 호탄, 돈황을 거쳐 중국으로 귀국하였으며, 『대당서역기大唐西域記』를 남겼다. 대당서역기는 중앙아시아에 대한 최초의 정세 보고서였으며, 당나라는 중앙아시아를 진출하는데 이를 잘 이용하였다고 한다.

신라 출신의 승려 혜초惠超(704-787)도 인도를 순례하고 723년 서역을 방문하였다. 그는 8세기에 인도, 중앙아시아, 이란, 아프가니스탄을 8년간 여행한 후 『왕오천축국전往五天竺國傳』을 저술하였다. 『대당서역기大唐西域記』와 『왕오천축국전』은 모두 7-8세기 중앙아시아에 대한 유명한 여행기였다.

그 이후 세계적인 여행가로는 이태리의 마르코 폴로Marco Polo(1254-1324)와 모로코 출신의 이븐 바투타Ibn Battuta(1304-1368)가 있다. 마르코 폴로는 1271-1292년간 중국 원나라, 몽골, 버마, 베트남을 여행하여 『동방견문록東方見聞錄』을 남겼다. 이븐 바투타는 14세기 초 유럽, 아프리카, 아시아 3개 대륙을 30년간 약 12만km를 여행한 후 여행기 『리흘라Rihla』를 기술하였다.

2. 신라가 유럽과 교류하다

우즈베키스탄 사마르칸트의 소그다soghd인이 중간 상인으로 비단길 무역을 거의 독점하였다. 원래 이란계 유목민이었던 소그다인은 중앙아시아 파미르 고원에서 발원하는 시르다리야강과 아무다리야강 사이의 비옥한 지대에서 정착생활을 하였으며, 고대부터 지리적으로 동서 문명의 교차로에 위치하여 일찍이 무역과 장사에 능했다.

소그다인은 중국에서 속특粟特이라고 지칭되었으며, 1세기 이후부터 호상胡商으로 불리기도 하였다. 호두, 호초胡椒(후추), 호과胡瓜(오이), 호마胡麻(참깨) 등 명칭이 호로 시작되는 견과류와 곡물들은 소그다인이 취급한 교역품이었다.

중국에서 장기간 거주하는 사람들은 성姓을 갖게 되는데 출신 도시의 이름을 따서 성을 지었다. 사마르칸트 출신은 '칸'이라는 발음을 따서 '강'씨로, 타슈켄트 출신은 '타슈'가 '돌'을 의미하기 때문에 '석'씨를 택했다.

수백 명의 소그다인은 카라반Caravan(사막 행상인)을 조직하여 낙타를 이용해 수천 킬로미터의 사막과 고원을 횡단하였다. 자연히 소그다인 언어인 페르시아어가 무역에 주로 사용되었으며, 소그다인들이 중계 상인으로 부를 축적하였다. 교역이 활발해지자 문화도 소통되었다. 소그다인 일부는 인도에서 발생한 불교를 믿었으며, 비단길의 주요 길목에 불교 사원과 탑을 건립하여 여행이 무사하기를 기원하였다. 소그다인은 불교가 중앙아시아와 중국에 전파되는 데 주요한 역할을 하였다.

소그다인은 주로 마니교를 신봉하였다. 페르시아에서 기원한 마니교는 위구르 투르크 시절(745-840)에 흥했다. 744년 투르크족인 위구르가 몽골 지역의 동돌궐(583-644)을 정복하고 마니교를 국교로 지정하였다.

위구르는 중국 당나라(619-907)와 동맹을 체결하여 티베트(618-841)에 대항하는 등 8세기 말 몽골 및 만주 지역을 지배한 유목민이었다.

한편, 소그다인은 5세기에 비단길을 통해 고대 로마와 한반도 간에 교역에도 종사하였다. 고구려는 소그다인을 통해 비단을 서역으로 수출하고, 유리와 같은 사치품을 수입하였다. 고구려에 들어온 서역의 수입품들은 신라와 가야, 일본으로 재수출되었다.

1991년 경남 합천군 옥전 가야 고분에서 로만글라스Roman Glass가 발굴되었다. 로만글라스는 신라 고분에서도 발굴되었으며, 지중해

로만글라스(경남 합천군 옥전 가야 고분)

신라 황금 보검(경주 계림 고분)

의 로마 제국과 그 속주에서 제작된 유리그릇이다. 5세기 중국이나 한반도에서는 투명한 유리그릇을 만들 수 있는 제조기술이 없었다. 로만글라스는 비단길을 통해 지중해에서 중앙아시아, 서역을 통해 한반도에 전래되었다.

경북 경주에는 신라 고분古墳들이 많다. 이 가운데 괘릉掛陵에는 유별난 무인석武人石이 서있다. 무인석은 팔자형 수염과 아랍형 터번turban(무슬림이나 인도인이 더운 지역에서 햇빛으로부터 보호하기 위해 머리를 둘러 감는 수건)을 쓰고 있어 당시 신라인보다는 소그다인의 모습을 많이 닮았다.

1973년 경주 계림 14호 고분에서 36cm의 화려한 황금보검(보물 제635호)이 발굴되었다. 이 보검은 5세기경으로 추정되며, 칼집과 손잡이가 황금이었으며, 붉은 색깔의 석류석으로 장식되어 있었다.

고고학자들이 조사해 본 결과 석류석은 당시 동유럽 불가리아가 원산지이며, 보검은 4세기-5세경 비단길을 통해 교역품으로 유럽에서 신라로 전래되었다고 한다.

3. 서돌궐이 비단전쟁을 일으키다

비단은 오래 전부터 옷감과 갑옷의 재료로서 동서양 간의 주요한 교역 상품이었으며 화폐의 수단으로 인기가 높았다. 고대부터 근대까지 교역과 상업이 국가의 부를 축적할 수 있는 주요한 원천이었으며, 국가들은 비단 무역을 독점코자 하였다.

비단이 로마제국에 알려지게 된 시기는 기원전 53년 이란의 파르티아 제국(기원전 247-기원후 224)과의 카레Carrhae(지금의 터키 하란) 전쟁이었다. 로마는 카레 전투에서 대패하였다. 로마 병사들은 파르티아 중기병이 붉은 비단갑옷을 입고 있었으며 햇빛에 반사되어 불의 전사처럼 보였다고 한다. 여러 겹으로 된 비단은 견고한 갑옷으로서 고대부터 귀족들은 전투시에 착용하였다.

6세기 중반 대륙의 초원 지대에는 유연柔然(4-6세기), 에프탈Ephthalities(5-6세기, 흉노족의 일부로 백훈족이라고도 지칭함), 훈족 세력들이 3개의 광대한 투르크-몽골 영역에 나누어져 대립하였다.

몽골계의 유연이 만주부터 몽골지역을 장악하였다. 또 다른 몽골계인 에프탈은 발하쉬 호수와 아랄해, 아프가니스탄의 펀잡, 동부 이란, 중앙아시아를 지배하였다. 그리고 투르크계 훈족은 돈강과 아조프해의 러시아 초원을 지배하였다.

터키계인 돌궐은 유연에 속한 한 종족이었는데 어원으로 '강하다'는 의미이다. 돌궐突厥은 6세기 초 중앙아시아 알타이 지역에서 야금에 종사하였다.

돌궐의 토템은 늑대였다. 전설에 의하면 돌궐의 조상은 늑대의 젖을 먹고 자랐으며, 늑대와 결혼하여 10명의 아들을 두었다고 한다.

돌궐인들이 쓰고 있는 투구의 깃에 황금으로 된 암늑대의 머리 모양을 달았으며, 왕의 시위들을 늑대라고 불렀다. 초원에서 늑대는 영리하며, 숫늑대는 일생동안 한 마리의 암늑대와 살며 죽을 때가지 가족을 책임진다고 한다.

돌궐은 유연의 내분을 이용해 강성해졌고 중국의 서위西魏 왕조(535-556)와 연합하여 552년 유연을 정복하였다. 당시 중국은 5호 16국 시대(304-439)로서 중앙아시아와 대륙 지역에 대해 관심을 가질 여유가 없었다.

돌궐은 중국의 혼란기를 잘 이용하여 강성해졌으며, 마침내 중앙아시아, 아프가니스탄 및 인도, 크림반도와 중국 국경선까지 지배하였다. 돌궐의 수령은 터키식으로 '부민'Bumin이고, 한자로 전사한 것이 '토문'이었다. 그 이후 돌궐은 몽골의 오르콘강 상류에 정착하였고 부민은 '카칸'Kagan이라는 몽골식 칭호를 사용하였다.

그러나 552년 돌궐의 부민이 죽자 583년 동돌궐(583-644)과 서돌궐(583-657)로 분리되었다. 부민의 아들이 몽골지역에서 동돌궐을 지배하였다. 부민의 동생 이스테미Y.Istemi(553-575)가 서돌궐을 통치하였으며, 서돌궐의 영토는 비단길이 통과하는 준가리아 지역(중앙아시아의 일리강, 추강, 탈라스강)에 걸쳐 있었다.

이스테미는 흉노족의 후예인 훈족 에프탈을 격파하기 위해 우선 당시 사산조 페르시아 제국과 혼인 동맹을 맺었다. 그리고 에프탈을 탈라스(오늘날 카자흐스탄 남부의 타라즈와 키르기스스탄의 탈라스 지역)지역에서 격파하였다.

그리고 서돌궐과 사산조 페르시아(226-651)가 에프탈 영토를 분할하여 점령하였다. 에프탈의 일부 부족인 아바르Avars(5-9세기)가 서쪽으로 이동하여 유럽에서 헝가리를 건국하였다.

한편, 서돌궐 이스테미는 에프탈을 점령한 후 이익이 많은 비단무역을 독점코자 하였다. 그러나 비단 교역의 독점권을 가지고 있던 사산조 페르시아측이 거절하였으며, 결국 서돌궐과 사산조 페르시아 간 6세기 말에 전생이 발발하였다.

사산조 페르시아 제국은 중국에서 로마와 비잔틴으로 이어지는 비단길의 중간 지역에 위치하여 비단 무역을 독점하여 강국으로 부상하였으며, 인접한 적대국인 비잔틴 제국을 견제코자 하였다.

기독교를 신봉했던 비잔틴 제국은 많은 비단을 페르시아로부터 수입하여 유럽지역에 비싸게 팔아 그 중간 수익을 챙길 수 있었다. 비잔틴 제국은 비단무역으로 부를 축적하여 군사력을 증강시킬 수 있었으며, 사산조 페르시아로서는 이를 항상 경계하였다.

반대로 페르시아가 비단무역으로 부를 축적하여 군사력을 모아 비잔틴 제국을 공격할 수가 있었다. 당시 두 나라는 비단 무역의 흐름에 대해 민감하였으며, 페르시아가 소그다인을 이용하여 비단 무역을 독점하고 있었다.

서돌궐은 비잔틴과 사전에 결혼동맹을 맺고 같이 페르시아를 공격하였으며, 572-591년간 20년간 서돌궐과 페르시아 간 전쟁이 발발하였다. 결국 서돌궐은 결정적인 승리를 거두지 못했고 국력이 피폐하여 중국 당나라에게 651년 망했다.

서돌궐 후예들은 터키의 아나톨리아 반도로 이주하여 셀주크터키(1037-1194)를 개창하였으며, 1299년 오스만터키를 건설하였다.

결국 동돌궐도 중국의 수나라(581-619)와 당나라(618-907)에게 망했다. 6세기 말 돌궐은 내분으로 쇠퇴하기 시작하였다. 582년 서돌궐의 타루드가 동돌궐과 결별하고 반란을 주도하자 중국 수나라는 서돌궐을 지원하였다.

이 같은 수나라의 이이제이以夷制夷 정책으로 그 이후에 동돌궐과 서돌궐은 통합을 이루지 못하고 서로 대립하였다.

변방에 있는 돌궐 부족 간 대립과 분열이 수나라에게 도움이 되었음은 물론이다. 수나라는 585년 동돌궐과 서돌궐이 대립하자 이번에는 동돌궐을 지원하였다. 그리고 수나라는 돌궐인들이 항복해 오면 중국 서부지역인 오르도스에 거주케 하여 변방 수비를 맡겼다. 마침내 몽골 지역의 동돌궐은 7세기 중엽에 중국 당나라에 복속되었다.

한편 6-7세기 돌궐의 흥망은 중국은 물론 고구려 등 한반도에도 큰 영향을 미쳤다. 고구려는 돌궐과 연합하여 중국 수나라와 수차례 전쟁에 승리하였으며, 이어서 650-655년간 당나라와도 전쟁하여 승리하였다.

돌궐은 고구려와 함께 수나라와 당나라를 견제한 강대국이었다. 돌궐의 세력이 약화되자 고구려가 고립되어 혼자서 중국 당나라에 대항해야만 했다. 결국 고구려는 내분과 신라와 당나라 연합군에 의해 668년에 패망하였다.

고구려는 당나라를 견제하기 위해 돌궐족이 지배하던 서역의 강국(우즈베키스탄의 사마르칸드)과 교섭하기 위해 사신을 파견한 것으로 추정된다. 이것은 7세기 중엽 소그다인이 건립한 아프라시압 Afrasiab Painting 궁전 벽화에 조우관鳥羽冠을 쓴 2인의 인물로 묘사되어 있다. 이들은 고구려 사신으로 보인다.

02
중국과 아랍이 충돌하다

1. 고선지高仙芝 장군이 서역西域을 정벌하다

중국 수나라(581-619)는 수차례 고구려(기원전 37-기원후 668)를 침략하였으나 결국 실패하였고 국력이 쇠퇴하여 패망하였다. 이어서 7세기 당나라(618-907)가 흥기하여 중국을 다시 통일하였다.

당나라는 신라와 연합하여 고구려를 멸망시키고, 무역 교역로인 비단길 장악을 위해 중앙아시아(서역) 진출을 추진하였다. 당나라는 중국 신장 타림분지의 쿠차Kucha에 안서도호부安西都護府를 640년에 설치하는 등 서역에 대한 진출을 본격화하였다.

당시 당나라와 국경을 접하고 있는 유목민인 돌궐족은 당나라를 자주 침범하였으며, 당나라는 돌궐족이 강국(현재 우즈베키스탄의 사마르칸트 지역) 등 서역의 여러 국가들과 연합하는 것을 사전에 방지코자 하였다.

이에 당나라는 서역(현재의 중앙아시아) 원정을 위해 고선지 장군을 파견하였다. 그는 고구려 유민으로서 안서도호부의 장을 역임하였으며, 5회에 걸쳐 11년간(740-751) 서역에 출정하여 많은 전공을 쌓았다.

우선 고선지는 중국 서부에 위치한 토번(618-841, 현재 티베트)을 정복하였다. 토번이 당나라에 대항하기 위해 서역제국, 즉 중앙아시아 지역을 지배코자 하였기 때문이었다. 8세기 초 토번은 파미르 고원의 주요 요지를 정복하여 당나라와 중앙아시아, 그리고 아랍 국가들을 연결하는 교통로를 차단하였다.

만약 토번吐蕃이 당시 한창 국운이 팽창하던 아랍의 압바스 왕조(750-1258)와 연합한다면 당나라에게 큰 위협이었다. 그리고 토번은 파미르 고원을 지배하여 비단길과 인도와의 무역을 독점코자 하였다.

토번은 7세기 초반 송체감포(617-649)가 건국하였으며, 세력이 강성해져 당나라와 대립하였다. 중국의 젖줄인 양자강과 황하黃河강의 근원지가 파미르 고원이며, 중국은 고대부터 토번에 대한 경계를 늦추지 않았다.

고선지 장군은 기마 1만 명으로 747년 봄에 토번 정복에 출정하였다. 당시 당나라가 보유한 말의 수는 약 24만 필이었다.

고선지는 토번 정복에 성공하였으며, 당나라는 고선지를 안서도호부의 책임자로 임명하였다. 안서도호부는 토번, 돌궐, 중가리 지역, 파미르, 비단길을 관할하는 당나라 정부의 주요 기관이었다.

마침내 745년부터 당나라가 서역과 비단길을 장악하여 황금기를 구가하게 되었다. 당분간 중앙아시아, 토번 지역에 안정이 유지되었으며, 비단길을 통해 비단과 향료 등 물품들이 활발히 거래되었다.

고선지는 서역을 정복하는 데 크게 기여했으며 역사적인 인물이 되었다. 당나라도 고선지를 공신으로 분류하였다. 고선지 장군은 서역 원정 과정에서 세계 지붕이라고 불리는 힌두쿠시 산맥의 탄구령(다르코트, 해발 4,600m, 현재 타지키스탄, 아프가니스탄, 파키스탄의 접경지역의 파미르 고원에 위치)과 토루가르트 고개(해발 3,752m)를 넘었다.

프랑스 나폴레옹이 19세기 초 이태리를 정복하기 위해 2,500m의 알프스 산맥을 넘었다면 고선지 장군이 넘어간 탄구령은 무려 4,600m가 넘는 험준한 산악지역이었다.

한편, 토번은 7세기 한반도의 삼국통일과 관련이 있다. 한반도에서 신라는 백제와 고구려를 멸망시키고 당나라와 대립하고 있었다. 당나라는 한반도를 지배하기 위해 군사적으로 신라를 정복하고자 하였다.

마침 토번이 당나라가 한반도에 개입하고 있는 틈을 타 비단길을 장악코자 하였다. 토번이 당나라에 인접한 토욕혼Tuyuhun(吐谷渾, 284-670)을 670년 공격하자 당나라 설인귀薛仁貴는 한반도 주둔 병력 등 10만 명의 군대를 이끌고 토번과 청해靑海 대비천大非川에서 싸웠다. 그러나 설인귀는 포로가 되었고, 당나라는 패배하였다.

토번과의 전쟁에 패한 당나라는 비단길을 상실하였고, 한반도에 대한 군사적 개입을 자제하였다. 신라는 당나라군을 몰아내고 676년 대동강 이남을 통일하였다. 신라와 당나라의 8년간 전쟁이 토번이 서역에서 당나라를 공격하는 데 유리한 기회를 제공하였다.

2. 이슬람과 유교문명이 충돌하다

한편 고선지 장군의 포로가 된 석국(당나라 시대는 '마라칸다'라고 지칭되었으며, 지금의 우즈베키스탄 타슈켄트Tashkent를 지칭함, 타슈는 튀르크어로 '돌'을, '켄트'를 땅을 의미)의 왕이 포로로 잡혀 당나라 수도인 장안에서 살해당한 사건이 발생했다. 이에 석국은 당나라에 복수코자 하였다.

석국은 아랍의 압바스 왕조(750-1258)에게 도움을 요청하였고, 중앙아시아 지역의 여러 국가들이 아랍 국가들과 연합하여 당나라에 대항하였다. 당시 아랍의 압바스 왕조(대식국)는 이슬람 신봉자로서 아라비아 반도를 통일하고 중앙아시아 진출을 노리고 있었으며, 석국의 요청을 수락하였다.

압바스 왕조는 현재 이라크의 수도인 바그다드를 새로운 도읍지로 정하면서 유럽보다는 동방 경영에 주안점을 두었다.

당나라는 고선지 장군을 총사령관으로 대군을 서역에 다시 파견하여 석국을 정복하도록 지시하였다. 마침내 751년 7월 고선지 장군은 당나라 군대와 중앙아시아 유목부족들로 구성된 연합군 약 6만 명을 이끌고 아랍 압바스 왕조(대식국)의 군대와 오늘날 카자흐스탄의 탈라스에서 싸웠으나, 패배하였다.

고선지 장군이 지금의 키르기스스탄Kyrgyzstan 수도인 비쉬켁Bishkek에서 탈라스 지역에 도착했을 때 당나라 병사들은 먼 원정으로 많이 지쳐 있었다. 아랍군대는 이 기회를 노려 탈라스 평원에서 당군을 기습 공격하였다.

패배의 주요 원인은 당시 당나라 연합군을 구성하고 있던 중앙아시아 유목부족인 카를룩Qarluq(7-12세기 중앙아시아 튀르크계 유목민)이 전투

중에 배반하고 아랍 연합군에 합세하였기 때문이었다. 당시 석국과 티베트, 돌궐족 등 아랍 연합군 규모는 약 20만 명으로서 당나라군의 3배였다고 한다.

탈라스 지역은 카자흐스탄과 키르기스스탄을 관통하는 탈라스 강변에 위치하는 초원 지대이다. 오늘날 카자흐스탄Kazakhstan 내에는 '타라즈'Taraz(일명 Zambul)라는 이름의 도시가, 키르기스스탄 내에는 '탈라스'라는 도시가 탈라스 강변에 각 자리 잡고 있다.

탈라스 강은 키르기스스탄에서 발원하며, 이 발원지에서 약 230km 내려가면 키르기스스탄 내에 '탈라스'라는 도시가 나타난다.

탈라스강 유역에 카자흐스탄 내에는 아틀라 평원이 펼쳐지며, 키르기스스탄 내에는 자일라간 평원이 펼쳐진다. 아틀라 평원 및 자일라간 평원, 그리고 타라즈의 탈라스성에서 30-40도 올라가는 무더운 여름에 2달 동안 3회에 걸쳐 고선지 장군과 아랍군 간에 대전투가 벌어졌다.

탈라스 전투(영어로 '아틀라' 전투, Atlah)는 여러 나라들이 참가한 대규모 국제전쟁이었고 당나라가 중앙아시아의 패권을 놓고 아랍세계와 충돌한 최초의 역사적인 사건이었다.

그 결과는 중앙아시아 역사의 흐름을 바꾸었다. 우선 탈라스 전투에서 패배하여 중앙아시아 지역에서 당나라의 영향력은 쇠퇴하고, 대신 아랍 세력이 득세하였다. 이와 함께 아랍의 이슬람 종교가 중앙아시아에 확산되기 시작하였다.

중국의 유교문화와 이슬람 문화의 충돌에서 이슬람 문화가 승리하여 지금까지 중앙아시아는 이슬람 국가로 남아 있게 되었다.

탈라스 전투에서 패배한 당나라는 8년간 내전(755-763)으로 중앙아시아로 다시 진출할 여력이 없었다. 당나라가 쇠퇴하자 동돌궐이 지배하던 몽골 지역에서 위구르가 강성해졌다.

당나라는 거란의 용병인 안록산安祿山(703-757)이 755년 반란을 일으키자 위구르에게 도움을 요청하기도 하였다. 당나라 조정은 고선지 장군을 반란군을 진압하는 대장군으로 임명하였다. 그러나 고선지 장군은 반란군과 일전에서 패하여 퇴각하자 당나라 조정의 음모로 인해 부당하게 사형을 당했다.

한편 현재 '타라즈' 도시내에는 탈라스강을 바라보는 성곽의 일부가 남아 있다. 성을 둘러싼 해자垓字의 흔적과 성안을 통하는 비밀통로 등 구조가 과거 고구려성과 유사하다고 한다.

타라즈는 현재 카자흐스탄 남부 잠블주의 주도이다. 타라즈는 고대 실크로드의 길목이며, 탈라스 강변에 위치해 있어 고대부터 오아시스겸 상업도시로 번창하였다.

3. 종이와 나침반이 유럽을 개화하다

탈라스 전투를 계기로 종이가 중앙아시아와 유럽지역으로 전파되었다. 탈라스 전투에서 패배한 당나라군 수천 명이 아랍의 포로가 되었으며, 이들 중에 나침반羅針盤 기술자와 제지공이 있었다.

나침반은 중국의 지남침에서 유래되었다. 중국인들은 이미 기원 전후에 남북의 방향을 알려주는 자석의 속성을 알고 있었으며, 풍수지리에 이용하였다. 이들 나침반의 제작 기술이 아랍인들에게 전달되었다.

이슬람인들은 아라비아 반도에 위치한 성지인 메카를 향해 예배를 할 때 나침반을 이용하였다. 나침반은 아랍을 통해 유럽으로 전해졌고 15세기부터 유럽인들은 나침반을 이용하여 항해술을 개발하여 결국 대양의 시대를 열었다.

한편, 중국 포로인 제지공이 오늘날 우즈베키스탄의 사마르칸트에서 주민들에게 종이 만드는 기술을 전수하였다. 8세기말 사마르칸트에는 이슬람 최초의 종이 제지공장이 건립되어 종이가 대량으로 생산되었다.

9세기 사마르칸트 종이는 최고의 질을 자랑하여 유럽과 중동으로 수출되었다. 그 이후 제지술은 유럽으로 전파되어 르네상스에 크게 기여하였다. 13세기 유럽은 물레방아를 이용해 수력으로 종이를 대량으로 제작하였다. 독일의 구텐베르크 John Gutenberg(1398-1468)는 1440년경에 포도 압축기를 개조해 만든 인쇄기로 종이 인쇄물을 대량으로 찍어냈다.

마침내 1560년 성서가 종이로 인쇄되었다. 당시 종이의 전파는 21세기 컴퓨터의 보급과 같이 지식과 정보를 전달하는 데 획기적이었다. 종이의 인쇄는 인문학에 혁명을 가져왔으며, 16세기 유럽에서 독일 루터 Martin Luther(1483-1546)의 종교개혁을 촉진시켰다.

종이는 원래 105년 중국 후한시대에 채륜 蔡倫(50(?)-121(?))이 발명하였으며, 탈라스 전투를 계기로 중국의 제지술이 약 600년 이후 이슬람 세계에 전해졌다. 고대 유럽에서 문자를 기록하는 재료는 주로 점토판 Clay tablet, 파피루스 papyrus, 양피지 羊皮紙였다. 기원전 3000년대 메소포타미아에서 점토판이 발명되어 중동지역에서 사용되었다. 고대 이집트에서는 나일강 하류에서 자생하는 수초水草인 파피루스를 이용해 파피루스 지紙를 만들어 사용하였다.

피혁지皮革紙인 양피지는 중앙아시아, 페르시아 등에서 사용되었으며 유럽으로 전파되었다. 양피지는 새끼 양 가죽을 석회수에 담갔다가 털과 살을 제거하고 돌로 다듬어 사용하였다. 양피지는 가격이 비싼 것이 흠이지만 내구력이 강하고 자유롭게 접을 수가 있어 유럽에서는 13세기 중국의 제지술이 도입될 때까지 사용되었다.

중국에서 종이가 한반도로 4-5세기경 전해졌다고 한다. 한반도에서 생산된 종이는 닥나무로 만들며, 양질로 국제적으로 인기가 높았다. 신라의 계림지鷄林紙는 종이가 두껍고 질기며 희고 매끈해서 서예와 회화에 적격이었으며, 당나라에서 높은 평가를 받았다.

신라(기원전 57년-기원후 935년)는 이 같은 양질의 종이를 생산하는 제지술을 토대로 8세기 초 세계 최초로 목판인쇄술을 개발하였다. 한반도에서 발달한 종이는 7세기 일본으로 전해졌다. 고구려 승려 僧侶 담징曇徵이 610년 먹, 맷돌과 함께 종이를 일본에 전했으며, 일본을 개화시키는 데 기여했다.

03 이슬람을 수용하다

1. 신의 친구, 수피

751년 아랍 세력이 탈라스 전투에서 당나라에 승리하자 이슬람이 중앙아시아의 초원지대에 퍼지기 시작하였다. 8세기 중앙아시아에 이슬람의 확산은 세계사에 주요 변혁이었다. 마침내 중앙아시아도 중동, 오스만터키, 이란, 파키스탄, 아프가니스탄 등 이슬람 문화권에 편입되었다. 소위 이슬람 벨트가 형성되었다.

오늘날 중앙아시아의 대부분 국민들은 이슬람을 신봉하고 있으며, 이슬람은 중앙아시아 민족들의 정체성을 이루는 주요 근간이 되었다.

이슬람은 언어적으로 유목민들을 소통시켰다. 아랍어로 된 코란은 어학교재 역할을 하였다. 유목민들은 코란을 암송하면서 아랍어를 익혔으며, 이슬람을 믿는 부족 간에 언어 소통이 촉진되어 유대가 강화되었다.

오늘날 중앙아시아에서 이슬람은 그렇게 엄격하지 않고 자유스럽다. 유목민들은 토착신앙과 결합하여 이슬람을 수용하였기 때문이었다. 중앙아시아 이슬람 신도들은 이슬람 율법을 편의주의적으로 해석하고, 신앙과 실천을 구별하는 수니파의 수피즘이 지배적이다.

'수피'라는 말은 원래 아랍어에서 '양모로 짠 거친 겉옷'을 의미하였다. 수피는 세속적인 사치나 명예를 버리고 오로지 금욕과 절제를 통하여 절대자 신과의 합일을 위해 정진하는 구도자를 의미하였다. 수피들은 인간은 신의 창조물이지만 항상 신의 옆에 서 있으면서 신만 생각한다면 신의 친구가 될 수 있다고 주장하였다. 이들 수피들이 모여 교단을 형성하자 수피즘Sufism이라고 불렀다.

수피즘은 전통의식과 토착신앙에 대해 관용적이다. 그렇다 보니 중앙아시아에서 이슬람은 종교적 기능보다는 출생, 혼례, 장례 등 일상생활의 규범으로 자리 잡고 있다.

중앙아시아 이슬람 수피들은 코란을 전형적으로 해석하지 않으며, 이슬람 교리를 엄격히 적용하지 않는다. 이슬람이 일종의 문화로서 녹아 있다. 그리고 코란 보다는 성인 숭배와 성소 참배를 중요시한다.

기존의 이슬람이 정치에 영합하여 너무 율법주의로 흘러 대중들에게 인기가 없었다. 그러나 수피즘은 정치와 거리를 두고 참회, 고행과 절제를 통해 수행하면서 대중과 같이 하였다.

아랍 이슬람 여성들은 전통적인 여성 복장인 히잡을 착용하나, 중앙아시아 여성들은 히잡을 착용하지 않으며, 자동차를 운전하기도 하고 말을 타기도 한다. 이런 점에서 중동의 원리주의적인 이슬람과 구분된다.

중앙아시아 발크Balkh는 8-9세기 아랍세계에서는 '도시의 어머니'라고 불리정도로 아름다운 도시였으며, 이슬람이 번창하였다. 힌두쿠시 산맥과 아무다리야강의 사이에 중요한 자리에 위치하여 고대부디 알렉신더 대왕과 조르아스터교Zoroastrianism, 불교, 기독교, 이슬람이 지나간 도시였다.

9세기에는 발크에 이슬람의 수피가 득세하여 유명한 학자들과 시인들이 많이 배출되었다. 13세기 유명한 수피 시인인 루미Rumi (1207-1273)는 주옥같은 많은 시를 많이 남겼다.

You and I unselfed, will be together.
내가 나를 버리면 당신과 하나가 된다.

If you wish to shine like day, burning up the night of self-existence. Dissolve in the Being who is everything
당신이 대낮처럼 환하게 빛나고 싶다면 자아라는 어두운 밤을 불태우고 만물에 침잠沈潛하라.

Don't grieve. Anything you lose comes round in another form.
슬퍼하지 마라, 잃어버린 것은 다른 모습으로 돌아온다.

Raise your words, not your voice.
It is rain that grows flowers, not thunder.

목소리를 높이지 말고, 언어의 품격을 높여라, 꽃을 피우게 하는 것은 천둥이 아니라 비이다.

루미는 '신의 언어는 침묵'이라고 하면서 명상을 통해 자신과 신과의 합일을 주장하였다. 수피는 직접 신과의 소통을 추구한다는 점에서 16세기 종교개혁을 주창한 독일 루터Martin Luther(1483-1546)의 교리와 유사하였다. 루터는 면죄부를 파는 교황청을 비판하면서 신도들은 사제의 도움 없이 성서를 통해 하느님의 나라에 직접 다가갈 수 있다고 설파하였다.

한편 수피즘이 커피가 이슬람 세계에 확산되는 데 기여했다. 오늘날 에티오피아에 기원을 둔 커피는 예멘을 거쳐 상인들에 의해 이집트에 전래되었다. 15세기 이집트의 카이로에서 이슬람의 수피들이 커피를 즐겨 마셨다고 한다.

커피는 당시 이집트를 지배하던 오스만터키에 도입되었다. 이스탄불에는 사람들이 모여서 커피를 마시는 집들이 우후죽순처럼 생겼다. 커피가 와인처럼 마시는 사람들에게 현기증을 일으킨다는 이유로 1511년 이슬람의 성지인 메카에서는 커피를 금지하기도 하였다. 1517년 이집트의 카이로에는 커피를 마시는 사람을 사형에 처하기도 하였다.

그러나 커피는 중독성 강한 기호식품으로 커피점은 많은 이윤을 남겼고 오스만터키 정부의 단속에도 불구하고 번창하였다. 마침내 1544년 이스탄불에서는 커피점이 합법적으로 운영되었다고 한다.

17세기 말 오스만터키의 커피는 전쟁을 통해 유럽에 전파되었다. 1683년 6만 명의 오스만터키군이 비에나를 공격했으나 실패하고 패주하였다. 유럽 연합군들은 오스만터키의 철수한 곳에서 커피를 발견하였고, 이어서 비엔나에 카푸치노cappuccino라는 커피를 판매하는 커피점이 생기기 시작하였다.

18세기에는 유럽 전역에 커피점이 번창하였다. 유럽인들이 18-19세기 세계로 팽창하면서 식민지를 건설한 아프리카와 중남미, 인도네시아에 커피를 생산하기 위해 커피나무를 보급했다.

한국에서는 1896년 조선왕실을 통해 커피가 도입되었다. 주한 러시아공사 베베르K.I.Veber가 1896년 고종에게 커피를 처음 소개했다고 한다. 한국 최초의 커피점은 1902년 서울 정동에 문을 연 손탁 호텔Sontag Hotel이었다.

2. 땅굴에서 살다

8세기부터 이슬람이 중앙아시아에 번창하면서 모스크가 세워지고, 이슬람 신도들이 순례하는 성소도 생겨났다. 중앙아시아 이슬람의 성소로는 카자흐스탄의 남부지역에 위치한 투르케스탄Turkestan이 유명하다.

고대 실크로드에 위치한 투르케스탄은 12세기에 야사위Khoja Ahmed Yasevi(1093-1166)라는 이슬람 성자가 탄생하여 널리 알려지게 되었다.

그 이후 투르케스탄은 이슬람 신도들의 성소가 되었으며, 투르케스탄을 3번 방문하면 사우디아라비아의 메카를 한번 방문한 것으로 인정을 받았다.

야사위 영묘(카자흐스탄 투르케스탄)

오늘날도 투르케스탄은 이슬람 신도들의 방문이 끊이지 않는다. 인근 천산산맥에 쌓인 만년설에서 녹은 물이 땅속으로 스며들어 투르케스탄을 풍요롭게 만들었다.

야사위는 이슬람의 신비주의 확산에 크게 기여한 성인이었다. 그는 이슬람을 창시한 무함마드 보다 오래 살 수 없다고 하면서 땅속 지하에서 살면서 기도와 명상으로 삶을 마무리하였다.

그는 인생의 목적을 신의 흔적을 찾는 것이라고 하면서 명상을 통해 신과 합일을 강조하였으며, 그리고 스스로 실천하였다. 그는 초원의 샤머니즘과 이슬람의 신비주의가 승화된 많은 시를 남겼다. 그의 무덤의 석곽에는 아래와 같은 명언이 새겨져 있다.

The prophet has this wish;
When one day you meet a stranger, Do not do him wrong.
God does not love people with cruel hearts.
타인을 만날 때 나쁜 짓을 하지 말라.
신은 사악한 마음을 가진 사람을 사랑하지 않는다.

14세기 우즈베키스탄의 티무르Temur(1336-1405)가 차카타이 칸국(1225-1370)과 중앙아시아를 정복하고 이슬람 제국을 건국하였다. 이슬람 신봉자였던 티무르는 야사위를 기리는 49미터 높이의 사원을 1398년 투르케스탄에 건립하였다.

당시 이 사원은 중앙아시아와 페르시아 전역에서 제일 높은 모스크였다. 모스크는 이란 등 여러 지역에서 동원된 저명한 건축가들이 설계하고 당시 최고의 건축기술을 이용하여 불로 구운 벽돌을 층층이 쌓아서 건립되었다. 당시 건물을 버티는 철골도 없는 상태에서 49m 높이의 벽돌을 쌓는 것은 첨단 토목 기법이었다.

한편, 티무르는 완공된 모스크가 맘에 들지 않는다고 하면서 책임자를 사형에 처하기도 하였다. 또 하나의 특징은 모스크 내부에는 큰 솥이 있는데 그 무게는 2,000kg이며, 페르시아 장인이 구리, 아연, 금으로 제작했다고 한다.

이 솥으로 투르케스탄의 성지를 방문하는 수백 명의 순례자들에게 차를 끓여 대접하였다. 큰 솥은 터키의 말로 '카잔'kazan이라고 부른다. 오늘날 러시아 타타르 공화국의 수도가 카잔이다. 타타르

주민 대다수는 이슬람 신도들이며, 카잔의 도시 중심에는 큰 솥이 설치되어 있는데 여기서 도시 이름이 유래되었다.

한편 18세기부터 러시아 제국은 정교를 앞세워 중앙아시아로 진출을 시작하여 19세 후반 중앙아시아를 정복하였다. 동시에 정교가 중앙아시아에 전파되기 시작하였다.

그러나 1917년 레닌의 공산혁명으로 러시아 제국이 망하고 구소련이 등장하였다. 구소련의 공산주의자들은 무신론자로서 종교를 부정하였고 이슬람을 억압하였다.

구소련은 종교를 아편이라고 강조하고 중앙아시아에서 공산주의 통치에 방해가 된다고 하면서 이슬람을 탄압하였다. 마침내 1991년 12월 구소련이 해체되고 중앙아시아 5개국이 독립하였으며 중앙아시아에서 이슬람이 다시 부흥하였다.

3. 모스크에는 종이 없다

이슬람 사원인 모스크는 여타 종교 사원들과 다른 점이 많다. 우선 이슬람의 모스크에서는 종이 없다. 기독교의 교회나, 가톨릭의 성당, 러시아 정교와 불교의 사원에는 종이 있다. 대신 모스크의 동서남북에 4개의 미나레트Minaret(아랍어로 '빛을 두는 곳' 혹은 '등대'를 의미)라는 높은 탑이 있다.

이 탑 위에서 이슬람 신도들에게 큰 목소리로 기도시간을 알렸다. 저 멀리 초원이나 사막에서 모스크를 쉽게 찾을 수 있도록

예니 모스크의 미나레트(터키 이스탄불)

미나레트를 높게 지었다. 미나레트는 원래 상인이나 순례자들을 위해 내륙 통상로에 건립한 봉화대였다고 한다.

이슬람 모스크 건물 내에는 의자가 없으며, 마룻바닥으로 되어 있다. 이슬람 신도들은 서거나 앉아서 기도를 한다. 남자와 여자가 다른 방에서 별도로 기도한다. 한 방에서 기도할 경우에도 남녀가 같이 하지 않고 서로 다른 장소에서 코란을 낭독한다.

그러나 기독교, 정교 경우에는 남녀가 같이 모여 동일한 장소에서 예배를 본다. 불교의 사원과 모스크의 예배 장소에 입장하기 전에 신을 벗어야 하지만 다른 종교에서는 신을 벗지 않는다.

이슬람의 모스크 내에는 신의 형상을 표현하는 그림이나, 조각이 없다. 이슬람은 무함마드Muhammad(570-632)의 초상화나 종교와 관련된 우상을 금지하였기 때문이다. 다만 모스크 내부와 외부 벽에는 코란의 구절이나 아라베스크Arabesque(장식무늬)의 장식을 허용하여 화려하다.

알함브라 궁전(스페인 그라나다)의 내부 아라베스크

러시아 정교 사원

그러나 러시아 정교 사원, 가톨릭 성당, 불교 사원에는 신의 형상들과 십자가, 불상, 탑 등 성물을 배치해 놓고 있다. 특히 가톨릭 성당이나 러시아 정교 사원들은 예수의 일대기를 화려하게 장식해 놓고 있다. 러시아 정교 사원 내부에는 성상聖像(아이콘)으로 가득 차 있다. 신이 거주하는 공간이라는 의미이며, 신이 항상 인간과 같이하며 보호해 주고 있다는 표시이다.

이슬람 건축과 예술은 물을 형상화한 것이 특징이다. 물이 귀한 아라비아 사막에서 발생한 이슬람은 물을 어떤 종교보다 귀하게 여겼다. 물은 인간은 물론, 식물, 낙타, 말, 양 가축들에게 생명이었다.

13세기 이슬람 건축의 백미는 스페인 그라나다에 있는 알함브라Alhambra 궁전이다. 8세기 북아프리카 이집트에 거주하던 이슬람 무어인Moors들이 지중해를 건너 스페인을 정복하고, 1238년부터 1358년간 120년 동안 알함브라 궁전을 건립하였다.

알함브라 궁전은 코란의 내용에 따라 물을 형상화하여 당시 이슬람이 꿈꾸었던 천국의 세계를 잘 보여 주고 있다. 알함브라 궁전은 물이 항상 끊임없이 솟아 나오는 분수대를 중심으로 건축되었다.

물은 귀중하여 버릴 수가 없으며, 낭비가 없도록 절제의 미를 보여준다. 연못에 비친 모스크의 그림자는 분수에서 흘러내리는 물방울 소리와 환상적인 조화를 이루며 천국을 연상시킨다. 오늘날 유명한 '알함브라 궁전의 추억'이라는 기타 연주는 사랑하는 연인과의 이별의 아픔을 분수대에서 떨어지는 물방울로 표현하였다.

물이 흐르는 공간은 온도가 주변보다 2-3도 낮다고 한다. 아랍 건축가들은 일찍이 더운 지역에 모스크를 건축할 때 분수를 설치하여 시원하게 하는 냉방 기술을 도입하였다.

알함브라 궁전(스페인 그라나다)의 환상적인 연못

이슬람 건축물들이 물을 형상화 하였다면 러시아 정교 사원들은 불을 종교적인 열정으로 표현하였다. 6개월간의 길고 추운 겨울날 끝이 보이지 않는 초원의 눈길을 걸어가는 러시아 사람들은 따뜻한 불길을 항상 염원하였다. 러시아 정교 사원의 지붕을 장식하는 양파 모양의 돔은 천국을 향해 타오르는 신앙의 불꽃을 표현하였다.

한편, 이슬람교도들은 처음에는 성지를 예루살렘으로 지정하고 기도하고 예배하였으나 628년부터 메카를 성지로 지정하고 그 방향으로 기도하였다. 이슬람 세계에서는 세계의 어느 곳에서든지 메카의 위치를 알기 위해 기하학이 발전하였다.

8세기 중국에서 중앙아시아를 통해 아랍인들에게 유입된 나침반은 성지의 방향을 알려주는 데 유용한 도구였다. 이슬람 신도들은 어디에 가든지 성지의 방향을 알아야만 했으며, 나침반을 이용하여 성지를 향해 하루 5회 기도하였다.

그리고 라마단이 시작되는 달의 모습과 기도하는 시간을 정확히 알기 위해 이슬람 사회에서는 일찍이 천문학이 발달하였다.

오늘날 이슬람 인구가 전세계 약 70억 인구 중에 16억 명으로서 큰 영향력을 행사하고 있다. 이슬람 신도들은 하루 다섯 번 기도를 하며 돼지고기, 개고기 등을 먹지 않는다. 그리고 매년 이슬람력 9월에 금식하는 라마단을 지킨다.

9월은 신을 경배하는 거룩한 달이다. 라마단 기간 중에는 낮에는 물도 마시지 않는다. 해가 지면 할람hallam 음식을 먹는다. 할람 음식은 코란이 지정한 음식이다. 하루의 단식을 끝내고 처음으로 먹는 것이 건조시킨 대추 야자열매이다. 대추 야자열매는 매우 달며, 하루 종일 단식한 이슬람 신도들에게 피로를 회복하는 데 큰 도움이 된다.

이슬람력은 달이 지구를 회전하는 것을 기본으로 1년을 354일로 계산하는 음력이다. 반면, 양력은 지구가 태양을 도는 것을 기준으로 1년을 365일로 계산하였다. 고대 로마시대에도 초창기에는 음력으로 달이 커지고 작아지는 것을 기준으로 1년을 12달로 정하고 1년의 일수를 355일로 정하였다. 이 같은 음력은 로마제국에서 율리우스 카이사르G. J. Caesar(기원전 100-기원전 44)가 1년을 365일로 개정할 때까지 약 650년간 사용되었다.

4. 노예 왕조를 열다

중앙아시아의 유목민들은 고대부터 보다 살기 좋은 지역을 찾아 동쪽으로는 중국을, 서쪽으로는 이란을 정기적으로 침입하였다. 중국은 흉노 유목민들의 공격에 맞서 만리장성을 건립하였다. 이란의 사산조 페르시아 제국도 오늘날 우즈베키스탄의 아무다리야강을 경계로 여러 성채를 구축해서 유목민들의 침입에 대비하였다.

그러나 사산조 페르시아 제국(125-651)은 7세기 중엽 이슬람의 우마이야 왕조(661-750)에 의해 망했다. 우마이야 왕조에 이어 이슬람의 압바스 왕조(750-1258)가 들어섰으나 압바스 왕조도 9세기 이후부터 쇠퇴하기 시작하였다.

9세기 중반 이슬람의 압바스 왕조는 시아파와 수니파의 분열로 정치적 혼란이 가속화 되자 동족인 아랍인을 신뢰하지 못하고 맘루크mamluk이라는 유목민 노예를 모집하여 궁정의 친위부대를 조직하였다.

소위 맘루크 제도가 도입되었으며, 주로 터키와 중앙아시아 노예들을 병사로 충원하였다. 노예 병사들은 자기를 낳아준 부모들과의 관계는 멀어지게 되었고 이슬람 교육을 받았으며, 오직 압바스 왕조에게만 충성을 받치게 되었다.

맘루크는 최강의 정예병사가 되었으며, 이슬람 왕조들은 맘루크를 동원하여 기독교인들이 점령해 있던 예루살렘을 다시 탈환하기도 하였다.

이슬람은 이슬람을 믿지 않는 이교도를 생포하여 노예로 삼거나 매매하는 것을 인정하였다. 우월한 종교를 가진 민족이 열등한 종교를 가진 민족들을 지배하는 것은 당연하다고 여겼기 때문이다.

동부 아프리카와 아라비아 반도는 인도양을 접하고 있어 7세기에 페르시아와 아랍의 이슬람 상인들이 동부 아프리카 혹인 노예와 향신료, 상아 무역을 위해 배를 타고 계절풍을 이용하여 자주 왕래하였다. 당시 향신료 생산지로 유명한 탄자니아의 잔지바르 섬은 페르시아어로 '검은 해안'이라는 의미이다.

옛날부터 세계에서 최강의 무사는 중앙아시아 유목 기마병이었다. 이들은 말을 잘 타고 활 쏘는 기술이 뛰어나 유럽, 아랍, 오스만터키 등 여러 나라의 용병으로 고용되거나 노예로 잡혀 병사로 근무하였다. 아랍상인들은 중앙아시아 초원의 유목민들이 전투기술이 우수하다는 것을 알고 노예로 잡아 이슬람 국가들에게 비싸게 팔았다.

중앙아시아 부하라 같은 대도시에는 노예시장이 정기적으로 열렸으며, 많은 노예들이 거래되었다. 특히 어린 노예들에게 아랍어를 가르치고, 예의범절도 익히게 하였다. 1072년 비그다드에서는 투르크 사전이 편찬되었으며, 중앙아시아 출신의 노예들과 투르크인들과의 의사소통을 위해서였다.

13세기 이슬람이 지배하던 이집트에도 유목민 노예들이 술탄의 근위병과 상비군으로 근무하였다. 이들 어린 노예들은 어릴 때부터 기숙사 생활을 하면서 전문적으로 전투 기술을 익혔으며, 궁술과 기마술에 능해 최강의 군사로 성장하였다.

이들 노예 병사들은 점점 수가 많아지게 되었고 전투에서 전공을 세운 노예 병사들은 칼리프의 경호원이나 장군으로 승진하였다. 노예병사들은 세력이 커지자 결국 지도층에 불만을 갖게 되고 마침내 용병 장군인 아이벡Aybak(1197-1257)은 1250년 이집트 왕권을 탈취하여 맘루크 왕조를 개창하였다.

13세기부터 약 300년간 이집트를 지배한 맘루크Mamluk 왕조(1250-1517)는 중앙아시아 유목민 출신의 노예들이 세운 왕조였다. 맘루크는 아랍어로 '소유된 자' 혹은 '피소유자'라는 의미이다. 대부분 맘루크는 카스피해 북쪽 초원지대에서 활약했던 돌궐계통의 기마민족 후예들이었으며, 백인들이었다.

맘루크 왕조는 세계 최강의 군사력을 자랑하였다. 13세기 몽골 칭기즈칸의 아들 몽케Monke(1209-1259) 군대가 아랍반도를 정복하고 이집트를 진격하였으나 맘루크 왕조에게 패했다. 당시 맘루크

바이바르스 장군 동상

왕조의 바이바르스Baybars장군은 1260년 9월 오늘날 지중해 연안에 위치한 시나이 반도 아인잘루트Ain Jalut(오늘날 팔레스타인 지역) 전투에서 몽골군에게 승리하여 몽골군의 이집트와 아프리카, 유럽으로 진격을 막았다. 맘루크 왕조의 승리로 유럽과 비잔틴 제국은 당분간 몽골 침입에서 자유롭게 되었다.

몽골 자신이 맘루크에게 패배의 원인을 제공하였다. 13세기 몽골군은 유럽에서 철수하면서 사로잡은 유럽 및 코카스 전쟁 포로들을 크림반도에서 이태리 제노아 상인들에게 노예로 팔았다. 이들 노예들은 이집트에 팔려 맘루크가 되었으며, 몽골군의 전투 방식을 잘 알고 있어 몽골군과의 아인잘루트 전투에서 승리했다고 한다.

몽골군을 격퇴한 공적으로 바이바르스 장군은 술탄이 되었다.

바이바르스 장군은 몽골 킵챠크Kipchak(오늘날 카자흐스탄 지역, 1243-1502) 제국의 노예였으며, 몽골군이 킵차크 지역을 공격할 때 10살의 어린 나이에 노예로 잡혀 이집트에 팔려갔다. 그러나 그는 술탄이 되어 이집트를 17년간 통치하였다. 현재 바이바르스 동상이 그의 출생지인 카자흐스탄 카스피해 연안의 아티라우Atyau에 세워져 있다.

바이바르스 장군은 유목민 후예답게 마유주馬乳酒(크미즈)를 좋아하였으며, 결국 마유주를 너무 많이 마시고 독살되었다고 한다.

13세기 몽골군을 격퇴한 맘루크 왕조는 이어서 십자군 전쟁에 참가하여 유럽의 기독교 군대를 물리치고 1263년 지중해의 시리아 연안 안티옥Antioch을 점령하였다. 맘루크 왕조는 이집트와 시리아를 통치하였으며, 이슬람의 성지인 메카와 메디나로 연결되는 순례 길을 보호하고 무역을 독점하여 번창하였다. 그러나 용맹을 자랑하던 맘루크 왕조는 1517년 대포 등 첨단 무기로 무장한 오스만터키와 전쟁에서 패하여 패망하였다. 오스만터키 제국은 1425년에 소총을 실전에 사용했고, 1453년에 대포를 사용했다. 그러나 맘루크 왕조는 1500년에 소총을 도입했다.

오스만터키는 14세기 맘루크 제도를 도입하여 군사 강국으로 부상하였으며 유럽을 위협하였다. 오스만터키는 1380년대부터 예니체니Janissary라고 불리는 맘루크를 도입했으며, 과거 이집트에서와 같이 노예병사들이 정권을 탈취하지 못하도록 맘루크를 철저히 통제하였다.

오스만터키는 중앙아시아의 유목민 노예보다는 주로 동부 유럽에 거주하는 기독교 출신의 어린 소년들을 매년 수백 명씩 징집하여 철저한 이슬람 교육과 군사 훈련으로 최강의 보병(1669년에 67,500명)으로 양성하였다.

맘루크는 봉토가 주어지고 세금이 면제되는 등 특권이 부여되었으나, 군 복무 중에는 결혼을 하지 못하며, 자연히 신분은 세습되지 못하고 철저히 실적으로 승진이 결정되었다. 오직 술탄의 친위부대로서 일생의 대부분을 군인으로 봉사하는 것이었다.

고대 로마 제국시대에도 군인은 결혼이 허용되지 않았다. 군인이 결혼하면 국가에 대한 충성보다는 가족 부양에 우선 관심을 갖게 된다는 것이다. 오스만터키와 로마제국 시대의 군인은 제대하면 결혼할 수가 있었다.

외국인을 정예병사로 양성하여 친위군으로 조직한 맘루크는 이슬람 왕조에서만 발견되는 특이한 제도이며, 9세기 중반부터 19세기 초까지 약 900년간 존속하였다.

한편, 10-13세기 동안 중앙아시아에서도 노예왕조가 한때 번창하였다. 9세기부터 이슬람권에는 중앙아시아에서 투르크인들이 세운 셀주크 터키, 호렘즘Khorezm(1077-1231) 등이 세력을 떨치기 시작하였다.

셀주크 터키의 노예였던 아누쉬 테긴Anush Tegin이 호렘즘인을 동원하여 아랄해 부근에 호레즘('태양이 뜨는 곳'을 의미) 왕국을 건설하였다. 호레즘 왕국은 13세기 셀주크 터키를 멸망시키고 번창했으나, 몽골의 칭기즈칸에게 패망하였다.

10세기 중앙아시아의 아프가니스탄 및 이란 동북부에 설립된 가즈나 왕조(975-1187)도 노예 왕조였다. 왕조를 개창한 사복텐킨Sabok Tegin은 투르크 출신의 노예 병사였다. 그는 중앙아시아 사만Saman

왕조(874-999) 시대에 칼리프의 신임을 얻어 노예에서 해방되어 지방 총독으로 임명되었다.

그 이후 사북텐킨은 정치적으로 독립하여 가즈나 왕조Ghaznavid Dynasty(975-1187)라는 투르크 왕조를 개창하였다. 그의 후계자인 마흐무드Mahmud of Ghazni(971-1030)는 998년 성전을 주장하면서 인도 서북부를 정복하였으며 처음으로 술탄이라는 명칭을 사용하였다. 술탄은 이슬람을 수호하는 세속 군주를 의미하였다.

제3부
유목민이 평화를 주도하다 Pax Nomad

01 유목민의 황금시대
02 세계 최강의 기마군단
03 말위에서 제국을 통치 못하다
04 티무르의 이슬람 제국
05 한국인은 유목민遊牧民
06 유목제국이 망하다

01 유목민의 황금시대

1. 칭기즈칸이 세계를 뒤흔들다

몽골 유목민들은 1206-1279년간 기마騎馬 군단을 통해 유럽과 아시아에 걸친 광대한 유라시아를 정복하였다. 몽골이 유라시아 전역을 지배하고 사상 초유의 대제국을 건설하면서 국제사회에 구조적인 변혁을 가져왔다.

13세기 칭기즈칸의 유라시아 정복은 20세기 레닌의 소련 공산혁명에 비유된다. 칭기즈칸의 정복과 레닌V.I.Lenin(1870-1924)의 공산혁명은 세계를 송두리째 뒤흔들었다.

13세기 칭기즈칸(Genghis Khan은 칭호이며, 이름은 철을 의미하는 Temujin)은 몽골을 통일하고 유라시아를 빠르게 정복하였다. 몽골제국이 지배한 14세기는 유목민들의 황금시대Pax Nomad였으며 팍스 몽골리카Pax Mongolica가 도래하였다.

마침내 유라시아에는 약 100년간 '몽골이 주도하는 초원의 평화'가 지배하였다. 칭기즈칸은 '영원한 푸른 하늘' 아래 해가 뜨는 곳에서 해가 지는 곳까지 모든 사람들이 평화롭게 살아가는 '푸른 제국'을 희망하였다.

칭기즈칸

칭기즈칸(1162-1227)은 전쟁에서 거의 패배한 적이 없는 위대한 전략가였으며, 명장이었다. 그는 세계 역사상 전례 없이 단기간에 유라시아 대륙의 대부분을 정복했으며, 그가 정복한 면적은 아프리카 대륙 크기였다.

그에 반해 고대 로마제국이 지배한 영토는 미국의 절반 정도였다. 칭기즈칸은 고대 로마제국이 400년에 걸쳐 정복한 영토를 25년 만에 정복했다. 그는 유럽의 십자군이 2세기동안 정복하지 못한 이슬람 왕조의 바그다드를 2년 만에 정복하였다. 1240년경 몽골군이 지배한 인구는 오늘날 계산하면 세계 인구 약 70억중 30억 명이었다.

무엇보다도 칭기즈칸은 무에서 유를 창조하였다. 고대 마케도니아의 알렉산드 대왕Alexander the Great(기원전 356-323)이나 로마 황제들은 이미 정비된 상비군과 관료 조직을 기반으로 영토를 정복하였다.

그러나 칭기즈칸은 몽골 부족들을 통합하면서 새로운 조직과 제도를 창설하였고 동시에 수많은 전쟁에서 승리하여 몽골제국의 기반을 마련했다.

칭기즈칸은 글을 배운 적이 없어 병서나 역사책을 읽을 수 없었으며, 스승 없이 전쟁터에서 스스로 체험을 통해 대정복자가 되었다. 로마와 중국 황제들은 어릴 때부터 스승을 통해 많은 학문과 지식을 배웠다면 칭기즈칸은 혼자서 전쟁의 기법을 체득하였으며, 독창적인 전략과 전술을 개발하였다. 그는 사람을 알아보는 안목이 있어 출중한 인재들을 많이 등용하여 제국의 기반을 닦았다.

칭기즈칸은 종교적인 권위를 빌리지 않고 순전히 무력으로 유라시아를 정복하였다. 그는 신의 왕국을 건설하겠다는 종교적인 야망보다는 강한 군사력을 통해 인접국을 지배하였다.

그는 중국의 천명天命이나 신의 뜻을 구현하는 지도자가 아니라 유목사회의 공동체를 이끄는 최고 실력자였다. 그는 종교적인 윤리나 가치에 구속받지 않았으며, 어떤 이념이나 전통의 방해를 받지 않았다. 단지 전쟁에서 완전한 승리를 추구하는 냉정한 현실주의자였다.

그는 기독교, 조르아스트교, 이슬람 등 여러 종교를 허용하여 세력을 키웠으며, 하늘사상과 샤머니즘Shamanism으로 유목사회의 단합을 강화하여 당시 유럽, 중국, 아랍 등 소위 문명세계를 정복하였다.

13세기는 유럽의 기독교와 정교, 아랍의 이슬람 등 여러 종교가 사람들을 지배하였으며, 소위 종교 계급들이 과도한 특권을 누렸다. 이와 같은 특권에 불만을 가진 중앙아시아와 중동 사람들은 칭기즈칸을 환영하였다.

일부 학자들은 칭기즈칸이 신의 대리자로서 부패한 종교 세력들을 척결하였으며, 기독교와 이슬람으로 분열된 세계를 다시 통합했다고 주장하였다.

칭기즈칸은 유라시아 정복지에서 여러 종파들과 다양한 관습들을 타파하여 사람들의 이동을 자유롭게 하였으며, 배타적인 종교의 벽을 허물자 무역이 번창하였다. 오늘날과 같은 세계화가 촉진되었고 유라시아에 자유무역지대가 형성되었다.

칭기즈칸은 종교적 이념으로 서로 대립하던 유럽과 중동, 중앙아시아 민족들을 관용과 포용을 통해 하나의 공동체로 통합하였고 유라시아에 새로운 시대를 열었다.

이슬람 상인들은 경제적인 이유로 몽골군의 유라시아 정복을 적극 지원하였다. 이슬람 상인들은 13세기 바닷길을 통한 무역에서 송나라(960-1279)에게 불리해지자 대신 중앙아시아 비단길을 통한 무역로를 이용코자 하였다.

이슬람 상인들은 재정적으로 몽골군을 후원했고 중요한 지역 정세에 관한 정보를 몽골군에게 신속히 제공하였다. 이 같은 후원 덕택으로 이슬람 상인들은 몽골제국에서 많은 특권을 부여받았다.

다른 한편으로는 12-13세기 유럽이나 러시아, 아랍, 중국의 지방 분권적인 군사조직이 칭기즈칸의 중앙집권적인 군사 조직에 효율적으로 대응하지 못했다. 12-13세기 유라시아 대륙의 대부분은 지방분권적인 중세 시대였다.

유럽이나 러시아에서는 약 만 명의 인구를 가진 도시들이 서로 종교적 이념과 무역 독점, 그리고 패권을 차지하기 위해 서로 싸웠다. 도시를 지배하던 영주들은 칭기즈칸의 병력이 침입했을 때 서로 의심하여 강력한 연합을 구성하지 못했다.

칭기즈칸 군대는 이 같은 도시 영주 간의 반목과 적대감을 잘 이용하고, 도시들을 하나씩 각개 격파로 정복하였다. 칭기즈칸은 중앙에서 효율적으로 군사를 통제하였고 융통성 있게 전투를 이끌어 대승하였다.

몽골의 유럽 공격은 유럽에 많은 영향을 미쳤다. 우선 유럽의 근대 주권국가 형성은 몽골의 침공으로 촉진되었다. 몽골군들의 우월한 군사력에 대항하기 위해서는 유럽의 지방 분권적인 중세 도시들이 경계선을 허물고 강력한 군주를 중심으로 단합해야 했기 때문이다. 14세기부터 유럽에서는 기독교 교황의 권력이 쇠퇴하고 대신 군주 중심의 주권국가가 우위를 차지하였다.

또한, 칭기즈칸의 유라시아 정복은 유럽의 신대륙 발견을 촉진시켰다. 13세기 이태리 베니스 출신 마르코 폴로Marco Polo(1254-1324)는 몽골지배하의 동아시아를 17년간 체류하다가 다시 고향으로 돌아와 동방견문록을 남겼다.

『동방견문록』은 유럽에서 성경 다음으로 많이 읽힌 책이었으며, 몽골 대칸이 지배하는 나라는 대인도, 중인도, 소인도로 구성되어 있다고 기술하였다.

마르코 폴로는 인도에는 재화와 물산이 풍부하다고 서술하였으며, 일확천금을 꿈꾸던 수많은 유럽의 상인과 선교사가 동경하였다.

이중에 콜럼버스C.Columbus(1451-1506)도 포함되었으며, 그는 스페인 이사벨Isabel I (1451-1504) 여왕의 도움으로 황금을 찾아 1492년 몽골이 지배한다는 인도를 향해 출항하였다. 그는 쿠바를 발견하였고 쿠바를 인도라고 믿었으며, 발견한 섬들을 동인도로 명명하였다. 그는 미국 대륙에 살고 있는 원주민들을 인도인으로 믿었고 인디언이라고 불렀다.

몽골의 유라시아 정복은 부정적인 결과도 초래하였다. 몽골의 정복으로 수백만 명이 사망하였고 수백 개의 도시와 성들이 파괴

이사벨 여왕과 콜럼버스 동상(스페인 그라나다)

되었다. 특히 몽골군이 점령한 이후 1340년부터 중앙아시아에서 발생한 흑사병이 비단길과 상인들을 통해 이란, 아랍, 유럽으로 빠르게 확산되었다.

흑사병으로 당시 유럽인구의 약 30%가 사망하였다. 몽골 침입을 경험한 유럽 지식인들은 몽골이 모든 악의 근원이며, 문명의 파괴자라고 비난하였다. 유럽에서 기형아와 정신 이상자가 태어나면 몽골의 유전자가 유럽인들에 유입된 결과라고 해석하였다. 중국과 러시아, 아시아 국가들이 문명이 낮고 산업 발전이 늦은 이유가 몽골의 지배를 받았기 때문이라고 유럽 중심적으로 해석하였다.

몽골이 13세기 러시아를 지배하자 슬라브 민족 간에 몽골의 지배 여부를 두고 명암이 엇갈렸다. 현재의 벨라루시아는 러시아어로 '하얀 러시아'라는 의미이다. 13세기 러시아 모스크바가 몽골 지배를 받아 조공을 받쳤으나 벨라루시아 지역에 거주하던 슬라브족들은 몽골 지배를 받지 않았다. 몽골지배를 받지 않은 순수한 슬라브 민족이라는 의미로 러시아어 '벨라(하얀)'이라는 형용사를 사용하였다. 반면 몽골의 지배를 받은 슬라브 민족들은 앞에 러시아어 '쵸르니(흑색)'이라는 형용사가 붙었다.

몽골의 240년 간(1240-1480) 러시아 지배가 러시아에게 동양 특유의 전제정치 유산을 남겼다고 한다. '러시아인의 피부를 벗기면 몽골 타타르인이 나온다'Scratch a Russian, and You will find a Tatar는 러시아 속담이 있다.

러시아는 몽골지배를 경험한 후 일본이나 중국 등 아시아 지역에서는 오는 위험을 황색인종 위험yellow peril으로 경계하였다. 20

세기 구소련과 중국 공산주의가 고비사막을 경계로 몽골을 분할하여 지배하였다.

외몽골을 지배한 소련의 스탈린은 1930년대 칭기즈칸의 부활을 방지하기 위해 몽골의 학자, 무당, 관리 등 약 3만 명을 숙청하였다. 1990년대 초 구소련이 해체되자 외몽골은 소련 공산주의 위성국에서 1992년 몽골이라는 이름으로 독립하였다. 그러나 내몽골은 아직도 중국의 지배를 받고 있다.

2. 자손들이 대업을 달성하다

칭기즈칸은 몽골을 통일한 후 러시아, 중앙아시아와 중국, 페르시아를 통치하는 거대한 유목제국을 건설코자 하였다. 칭기즈칸의 목적은 물산이 풍부한 중국을 침입하여 생필품을 약탈하거나 중국으로부터 조공을 받고 물러나는 것이 아니라 아예 몽골이 살기 좋은 중국이나 페르시아, 러시아 등 인접국을 정복하여 통치하는 것이었다.

칭기즈칸이 다른 정복자와 다른 점은 아들과 손자들이 3대에 걸쳐 대업을 완성했다는 것이다. 아들들은 칭기즈칸을 닮아 출중한 군사 전략가들로서 유럽과 인도, 러시아, 아랍, 중국을 차례로 점령하였다.

몽골의 유목제국 건설과 패망의 시기를 크게 3단계로 나누어 볼 수 있다.

제1기는 1206-1227년간으로 칭기즈칸이 몽골, 중앙아시아와 북만주를 정복한 시기이다. 몽골 테무진Temujin은 20년간 몽골의 3대 부족인 타타르Tatar, 메르키트Merkit, 나이만Naiman 부족들을 정복하여 몽골을 통일하였다.

그는 1206년 몽골 부족장들의 회의체인 쿠릴타이Khuriltai의 추대를 받아 칭기즈칸Genghis Khan으로 즉위하였다.

그는 중앙아시아의 대국 호라즘Khorazm(1097-1231)을 1225년에 멸망시키고, 1227년에 서하西夏(1038-1227)를 정복하였으며, 탕구트 정복 도중에 66세에 사망하였다.

제2기는 1229-1279년간으로 자손들이 러시아, 중국, 페르시아, 유럽을 정복한 시대이다. 칭기즈칸이 사망하자 그의 세 번째 아들 오고타이Ogedei(1186-1241)가 쿠릴타이Khuriltai의 추대를 받아 태종(1186-1241)으로 즉위하였다. 그는 남송과 연합하여 1234년 금나라를 정복했다.

이어서 칭기즈칸의 조카 바투Batu가 러시아와 유럽을 원정하였으며, 러시아 볼가강의 하류에 킵차크Kipchack 칸국을 1243년 건설하였다. 4대 헌종으로 즉위한 몽케Mongke는 그의 동생 훌라구Hulagu를 보내어 페르시아를 공략케 하였으며, 훌라구는 바그다드의 압바스 왕조를 1258년에 멸하고 1259년에 일칸국Il Khan을 세웠다.

5대 세조인 쿠빌라이는 수도를 몽골의 카라코룸에서 중국의 북경으로 옮기고 1271년 국호를 '원'이라 하였다. 그는 남송을 정복하여 마침내 1279년에 중국을 통일하였다.

제3기는 1279-1368년간으로서 약 100년간 중국 원나라의 존속기간이다. 칭기즈칸 이후 거대한 유목제국은 5개의 나라로 분할되

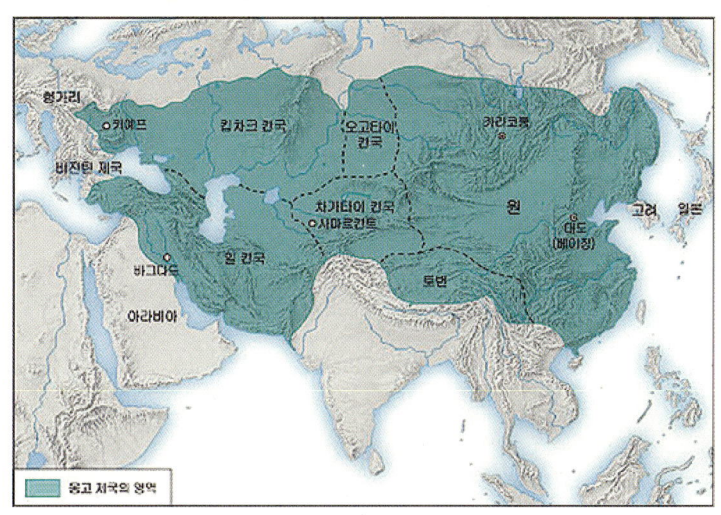

몽골제국의 영토

었다. 5개국은 중국의 원나라(1260-1368), 킵차크 칸국(남부 러시아, 시베리아 지역, 수도 : 사라이), 일칸국(이란, 이라크 지방, 수도 : 타브리즈), 차가타이 칸국(중앙아시아, 아프가니스탄, 인도 서북부 지역, 수도 : 알말리크), 오고타이 칸국(중앙아시아의 발하쉬 호수에서 알타이 산맥 지역, 수도 : 에밀)이었다.

이들 5개국은 정복해야 할 공동의 적이 사라지자 1270년대부터 서로 패권을 놓고 싸웠다. 원나라와 4대 칸국은 서로 간의 유대감을 강화시키는 오늘날 민주주의와 같은 공통된 제도나 공유하는 종교적인 이념이 없어 방위 동맹이 형성되지 않았다.

차가타이 칸국은 오고타이 칸국을 합병하였고 14세기 중엽에 티무르에게 망했다. 그리고 원나라는 1368년 명나라에 망하고, 킵차크 칸국은 16세기 초 러시아 이반 3세에게 망했다.

결국 몽골인들은 유라시아를 정복하여 유목제국을 건설하는 데 70년을 소모했고 100년간 통치하였으며 170년 만에 패망했다. 서로마 제국(기원전 27-기원후 476)이나 비잔틴 제국(395-1453), 오스만터키 제국(1299-1922), 중국 당나라(618-907)와 비교한다면 유목제국은 유라시아 초원에서 100년간 활활 타다가 갑자기 사그라진 불꽃같은 제국이었다.

칭기즈칸은 혈연이나 지연에 관계없이 실력위주로 인재를 등용하여 몽골을 통일하였다. 그러나 칭기즈칸 사후 후손들은 몽골지상주의를 채택하여 패망을 재촉하였다.

원나라는 몽골족, 색목인, 한인, 남인 등 민족별 신분제도를 통해 통치하였다. 몽골족은 국족이라 하여 문무 요직을 독점하였으며, 몽골족과 행동을 같이한 서남아시아 민족들을 색목인이라고 하여 재정과 경제를 맡겼다. 그리고 한족을 천시하였다.

3. 쥐가 사자를 삼키다

역사학자들은 13세기 몽골군이 수백 배의 인구와 영토를 가진 유럽과 페르시아, 러시아, 아랍, 중국을 정복한 것을 '쥐가 사자를 삼켰다'고 비유하였다. 일반적으로 총인구의 약 1/20이 전쟁할 수 있는 성인 남자로 계산한다.

13세기 몽골의 인구는 2백만 명이며, 일반적으로 동원 가능한 병사의 규모는 약 10만 명이었다. 그러나 중국 금나라는 동원 가능한 병사가 6백만 명, 상비군은 보병이 5십만 명, 기마병이 12만 명으로 당시 인구 5천만 명을 보유한 동북아에서 최대 군사 강국이었다.

그러나 금나라는 몽골군과 23년간 전쟁 끝에 패망했다. 금나라 군대는 병사 1명당 보조원이 4명이었으며, 상비군 62만 명중 실제 전투에 참가하는 병사들은 15만 명이었다. 그리고 대부분 전투경험이 없는 농사에 종사했던 초병들이었다. 반면 약 10만 명의 몽골군 대부분은 전투 경험이 풍부한 기마병으로 최강의 병사들이었다.

어느 나라든지 통일을 이룬 지도자는 단합된 국력의 힘을 외부로 분출하여 부하들에게 지속적으로 먹거리를 제공하고 통치의 정통성을 확보하고자 한다. 칭기즈칸도 수십 개의 유목 부족들을 통합하자 부족장들의 불만을 무마하고 단합을 유지하기 위해 인접국을 정복하기 시작하였다.

칭기즈칸은 냉철한 현실주의자였다. 먼저 몽골의 인구와 군사력이 중국 등 다른 나라와 비교할 경우 수십 배나 부족하다는 것을 잘 알고 몽골군의 장점인 기동성을 최대로 활용하였다.

칭기즈칸은 '강자만이 살아 남는다'는 초원의 냉혹한 현실을 직접 체험하면서 성장하였으며, 군사력의 중요성을 절감하였다. 몽골의 건강한 남자들은 모두 군대에 가야하며, 군대를 가지 않을 경우 대체 복무도 인정이 되었다. 몽골에서는 남녀 모두가 전투원이었다.

우선 칭기즈칸은 최강의 군대를 조직하기 위해 몽골인들을 십진법으로 부대를 편성하였다. 10명의 병사들로 구성된 분대는 '아르반'Arban, 100명의 병사들로 구성된 중대는 '자군'Zagun, 1,000명의 병사 집단은 '민간'Mingan이라고 불렀다. '아르반'이나 '자군', '민간'

의 장들은 대부분 전투 경험이 풍부한 연장자였으며, 병사들이 투표로 이들을 직접 선출하였다. 병사들은 서로 형제가 되어 전투에 참가했으며, 동료를 적의 포로로 남겨두지 않았고 끝까지 생사를 같이하였다. 칭기즈칸은 수백 개의 소수 부족들을 재편하여 소위 새로운 몽골 연합군을 조직하였다.

칭기즈칸은 같은 부족끼리 부대를 편성하지 않았고 일부러 여러 부족의 병사들을 서로 혼합하여 부대를 조직하였다. 그는 부족들의 배타성과 보수적인 지방색을 타파하고 개방적이고 중앙집권적인 기마군단을 편성하였다.

이것은 병사들이 칭기즈칸과 몽골 제국에 대한 충성심을 유도하기 위한 목적이었다.

칭기즈칸은 철저하게 실력 위주로 지휘자를 임명하고 군대를 운영하였다. 그는 지연과 혈통보다는 전공과 실적에 따라 병사들의 계급과 서열을 결정하였다. 기존의 혈통 중심의 폐쇄적인 사회를 타파하고 실력이 있는 자가 출세할 수 있는 새로운 개방적인 세계를 열었다.

칭기즈칸은 새로운 십진법의 군대 편성을 통해 과거 몽골의 귀족 계급인 백골白骨과 서민 계급인 흑골黑骨의 신분 차별을 폐지하였다. 칭기즈칸 자신이 흑골 출신으로 백골인 귀족계급의 철폐는 획기적이었다.

칭기즈칸은 항상 병사들과 생사고락을 같이 하였으며, 전투에서 앞장을 서서 진격하여 솔선수범을 보임으로써 병사들의 사기를 진작시켰다. 칭기즈칸은 전투에서 적의 화살이 자신의 뺨을 관통하는 위험에도 불구하고 불굴의 정신력으로 끝까지 싸워 승리하기도 하였다.

칭기즈칸은 단합을 강조했으며, 배신자를 가장 미워했다. 그는 주인을 배반한 하인에 대해서는 철저히 응징했으며, 주인에게 끝까지 충성한 자에 대해서는 적군이더라도 상을 주기도 하였다.

칭기즈칸은 병사들을 효율적으로 운용하였다. 그는 기마병사 10만 명중 5만 명을 해외 원정에 파견하고 나머지 5만 명은 만일의 돌변 사태에 대비하여 휴식을 취하면서 본국에 체류케 하였다. 통상 10만 명의 기마 병사들에게 30만 마리의 말들이 필요하며, 몽골 병사 1인당 3마리의 말이 할당되었다.

5만 명의 병력을 한 번에 이동하는 것이 아니고 15,000명씩 3개의 부대로 나누어 별도로 이동하고 전쟁터에서 다시 집결하여 적을 공격하였다. 병사 5만 명과 수십만 마리의 말을 이동할 경우 적에게 발각되기 쉬우며, 특히 이들 말들을 먹일 초지를 구하기 어려웠기 때문이었다.

적들은 여러 방향으로 제각기 진격해 오는 몽골군의 규모를 정확히 파악하기 어려웠으며, 어느 군이 몽골의 주력군인지 알 수가 없었다. 몽골군은 별도로 이동하면서도 서로 연락을 유지했고 항상 48시간 내 연합할 수 있도록 거리를 조절했다.

칭기즈칸은 전쟁의 노획물을 병사들에게 분배하여 사기를 진작시켰다. 몽골병사들은 전투에서 승리할 경우 실적에 따라 노획물을 배분받을 수 있었고 승진할 수가 있었다. 몽골 평민들에게 전쟁은 출세할 수 있는 지름길이었다.

칭기즈칸은 전통적인 노획물 분배 방식을 개선하였다. 몽골병사들은 적의 진영을 장악하면 노획물은 먼저 확보하는 자가 임자였기 때문에 천막, 여자, 말 등 전승물을 확보하는 데 전념하여 도망가는 적군을 추격하지 않았다.

칭기즈칸은 이같은 전투의 악순환을 방지하기 위해 몽골군들이 전투시 우선 적의 병사들을 끝까지 추격하여 모두 섬멸하도록 지시하였다. 진투가 끝난 후 모든 노획물을 일괄적으로 수거하여 전공에 따라 공평하게 분배하였다. 전리품의 10%는 칸에게 바치며, 일부는 전쟁에서 사망한 유가족들에게 배분되게 하였다.

당시 페르시아 제국이나 유럽 군주들은 돈을 지불하고 고용한 용병을 동원하여 전쟁에 출전했다면 칭기즈칸은 오늘날 징병제 형식으로 몽골인을 동원하였다.

한편, 전투에 참가하는 병사들에게 전승물을 분배하는 제도는 사기 진작은 물론, 자발적인 참전을 유도하여 과거에도 활용되었다. 8세기 이슬람을 창시한 무함마드도 이교도와 전쟁에서 포획한 전승물의 20%는 장군들에게, 나머지 80%는 병사들에게 전공에 따라 배분하였다.

이슬람 왕조에서는 이슬람 신도만 전쟁에 참전할 수가 있었다. 15세기 중앙아시아를 정복한 티무르도 병사들이 전쟁에서 승리한 대가로 노획물을 소유하도록 하였다.

고대 로마도 전리품을 부족 간의 동맹을 유지하는 연결고리로 잘 활용하였다. 로마는 기원전 490년경 인근 부족들과 라틴 동맹을 맺고 외적의 침입에 대비하였다. 전투에서 얻은 전리품의 절반은 로마가, 나머지 절반은 다른 동맹국에게 분배되었다. 당시 전쟁은 부족 국가들에게 영토와 노예 확보는 물론, 국부國富를 늘릴 수 있는 주요한 사업이었다.

02 세계 최강의 기마군단

1. 몽골 기마병은 최강의 병사

고대부터 말은 동서양을 막론하고 기마병의 군마로서 전략적인 자산이었으며, 말을 많이 보유한 국가가 군사적인 강대국이었다. 말은 전차나 장갑차가 발명되기 전까지는 전투에서 기동성을 좌우하는 핵심적인 요소였다.

말의 원산지는 중앙아시아와 몽골 대륙의 초원지대이며, 수백만 마리의 말들이 서식하고 있었다. 몽골인들은 남녀노소 구분 없이 언제든지 말을 타고 전쟁에 참전할 수가 있었다.

전쟁은 유목민들의 일상생활의 연장이었으며, 한마디로 생필품을 노획하는 축제였다. 유목민들은 매년 긴 겨울이 지나고 봄이 오면 전쟁할 준비를 한다.

몽골 부족들이 단합하여 약 2만 명의 병사를 모을 수가 있다면 중국이나 인접 지역을 침입할 수가 있었다. 서기 91년 유목민인 남

흉노에는 약 34,000개의 유르트와 약 237,300명의 유목민들이 거주했다고 추산한다. 전쟁시에 병사로 동원할 수 있는 남성의 비율은 일반적으로 총 인구의 20분의 1로 계산하면 유목민들이 동원할 수 있는 군사력은 1만-2만 명 수준이었다.

몽골인들은 태어나면 걸음걸이보다는 말 타는 것을 먼저 배웠다. 몽골인들은 다른 인종들보다 눈이 작고 옆으로 찢어져 멀리 있는 사물을 잘 보고 활 쏘는 솜씨가 특출하였다. 그에 반해 유럽인들과 슬라브 민족들은 눈은 크고 둥글어 먼 곳의 사물들을 보는 데 한계가 있었다고 한다.

몽골인들은 삭막한 초원지대에서 겨울에는 영하 30-40도와 여름에는 40도의 더위에 견디며 살아가다보니 혹독한 자연환경에서도 생존할 수 있는 전천후 강한 병사가 되었다.

특히 몽골인들은 어릴 때부터 말을 타고 활을 사용하여 사냥하면서 성장하여 별도로 군사훈련을 받지 않고도 언제든지 전투에 투입될 수 있었다.

몽골인들은 평소에 이동용 천막인 유르트에서 생활하였으며, 전쟁시에는 10명의 병사가 하나의 유르트에서 같이 숙영하였다. 반면 농경민들은 거주하고 있는 집을 떠나 전투에 참전하기 위해서는 별도의 텐트나 막사를 설치하여야 했다.

몽골병사 대부분은 문자를 읽을 줄 몰라 전투시 지시나 명령은 구두口頭나 깃발의 신호로 전달되었다. 구두 명령이 정확하고 쉽게 전파될 수 있도록 잘 알려진 노래 가사로 편곡되어 전달되었다.

몽골사회에서는 평소에 언제든지 병사들을 모을 수가 있어 많은 상비군을 유지할 필요가 없었다. 반면, 농경사회에서는 영토를 지키기 위해서는 농민들로부터 세금을 거두어 별도의 상비군을 유지해야만 했다. 농경사회에서는 별도로 말을 키우고 궁사와 정예의 병사를 양성하는 데 최소한 수년이 걸렸다.

몽골 말들은 힘이 좋고 강건하여 9일간 약 600마일(약 965km)을 달렸다. 13세기 초 몽골병사들은 말을 타고 하루 65마일(104km)을 진격할 수 있었으며, 이는 19세기 프랑스 나폴레옹 군대가 유럽에 등장하기 전까지 가장 빠른 진군 속도였다. 유럽 군대들은 평균 하루에 약 20km 진군했다고 한다.

말을 타고 싸우는 몽골인들은 보병에 비해 전투에서 유리하였다. 몽골인들은 말을 타고 화살을 발사하는 기술이 뛰어났고, 말이 말굽으로 땅을 박차고 공중에 잠시 머무는 순간에 화살을 날린다.

말이 공중에 떠 있을 때 고개를 땅으로 숙여 목표물이 정확히 크게 보이고, 흔들림이 없어 적에 대한 조준이 쉬우며 명중률이 높다고 한다. 또한 몽골인들은 전쟁시에 말을 타고 후퇴하면서도 뒤를 돌아보며, 엉덩이와 허리를 틀어 뒤에서 쫓아오는 적군에게 화살을 날리는 배사背射의 명사수였다.

몽골 기마군단은 중무장한 기병대와 경무장한 기병대를 효율적으로 운용하였다. 중무장한 기병대의 말에게는 갑옷을 입혀 적의 화살이나 창에 견디도록 하였다. 몽골군은 전투 상황을 보면서 중무장한 기병대와 경무장한 기병대를 적기에 진격케 하여 전투에서 승리를 이끌었다.

중무장한 기병대는 활 대신 낫 모양을 한 12피트(약 360cm) 길이의 창을 휴대하였다. 이들은 적의 기마병에 돌진하여 말을 탄 적병을 창으로 끌어 내리는 것이 목적이었다.

적의 선봉대인 기마병이 무력해지면 칭기즈칸은 경무장한 기마병을 돌격시켜 승기를 잡았다. 전투에서 중요한 것은 속전속결이었으며, 적의 허점을 정확히 알고 적기適期에 돌격하는 것이었다.

18세기 유럽을 정복한 프랑스 나폴레옹 Napoleon Bonaparte(1769-1821)도 전투에서 적의 허점을 파악하는 데 동물적인 감각이 있었다. 나폴레옹은 야외 전투시 항상 높은 언덕에서 전투 상황을 주시하다가 적의 약한 곳을 파악하면 즉시 약한 곳을 집중 포격하고 돌파구를 열었으며, 보병으로 하여금 돌격케 하여 승리하였다.

기마병은 전차가 등장하기 전까지 군사력에 핵심 요소였다. 16-17세기 아랍반도와 지중해에서 최대 군사강국으로 부상한 오스만터키 제국은 군사력의 기반이 기마병이었으며, 기마병 양성에 유리하도록 지방 행정 제도를 개편하였다. 한 마을이 기마 병사를 양성하는 데 필요한 말과 장비 등 모든 것을 공동으로 부담해야만 했다. 기마병사가 정부로부터 받은 혜택을 터키어로 'timar'(봉토)라고 불리었으며, '말을 사육하다'는 의미였다.

기마부대의 장교들은 정부로부터 봉토를 부여받았고 대신 특정 지역을 지키는 방위 임무를 수행하였다. 오스만터키 제국은 술탄의 권한을 강화하고, 귀족 세력들의 성장을 방지하기 위해 timar의 세습을 허용하지 않았다. 한편, 중세 유럽의 기사들에게 주어진 봉토는 세습되었고 이들 기사들은 세습 귀족이 되었다.

말은 기병대는 물론, 대포를 끄는 포병부대로 18세기 유럽의 전투에서 주요한 역할을 했다. 프러시아(1701-1918) 프레데릭 Friederick W. (1688-1740) 대왕은 18세기 말들을 이용하여 대포를 신속히 전장에 이동시켜 여러 전투에서 대승하였다. 그는 정밀한 포병기술을 개발하여 적에게 정확히 포격하였으며, 프러시아는 기동성 있는 포병 전략으로 유럽의 군사 강국으로 부상하였다. 18세기 이후 전쟁은 기동성과 화력을 결합한 속전속결 전략이 주축이 되었다.

2. 사냥 기법으로 전쟁하다

칭기즈칸은 초원에서 동물을 사냥하는 유목민들의 전통적인 사냥 기법을 창의적으로 군사 전략에 접목시켰다. 유목민들은 광대한 초원이나 숲에서 늑대나 표범을 한군데 몰아가며 지쳐서 도망가지 못할 때를 노려 신속하고 과감하게 공격하였다. 사방에 흩어져 있는 야생동물들을 한군데 모아서 한 번에 공격하는 몰이식 기습 전법이었다.

유목사회에서 초원에서의 사냥은 모든 부족 구성원들이 참여하는 오늘날 대규모 군사 훈련이며 축제였다. 유목민들은 실제 전쟁을 하기 전에 수천 명의 군사를 동원하여 광대한 초원에서 몇 달간 몰이식 사냥을 하여 포획한 동물들로 큰 잔치를 벌였다.

유목민들은 대규모 사냥을 통해 군사 작전을 이해하게 되었고 서로 깃발과 소리로 통신하는 법을 배우며, 병사들을 배불리 먹여 사기를 높여 결속을 다졌다.

사냥한 동물의 육고기와 내장은 말려서 전투 식량으로, 동물 가죽들은 텐트나 병사들의 옷감으로, 단단한 뼈는 화살촉에 사용되었다. 말린 육고기는 육포로서 단백질이 풍부하고 항상 휴대하여 먹기도 용이해 당시 최고의 전투 식량이었다.

그리고 사냥철에도 작은 동물은 포획 대상에서 제외되었다. 초원에서 동물들이 새끼 낳는 시기와 성장하는 시기인 3-10월은 사냥하지 않았다. 사냥물이 없으면 유목민들도 생존하기 어렵다는 것을 경험을 통해 체득하고 있었기 때문이었다. 어린 새를 잡으면 결국 큰 새들은 사라진다.

사냥에서 군기와 규칙이 엄했다. 사냥물을 놓치는 병사는 엄한 처벌을 받았다.

유목민들은 평소에 동물 몰이식 사냥기법에 익숙하여 실제 전투에서 대승을 거두었다.

몰이식 전투에서 승리하기 위해서는 우선 적군의 동태를 가능한 정확하게 파악해야 하며, 주변 지형에 익숙하여 유리한 지점으로 적군을 유도해야 한다. 그리고 일거에 신속한 공격으로 적군을 섬멸해야 한다.

유목민들은 산이나 초원을 포위하여 사냥할 때 사슴이나 표범 등 큰 동물들을 먼저 사냥하고 마지막으로 필요하면 여우, 토끼 등 작은 동물들을 사냥한다고 한다.

칭기즈칸은 인구 10만 명 이상의 상대국 도시와 주요한 군사 및 물류 요충지를 집중 공략하여 전략적으로 우세를 확보하고 마지막으로 수도를 공략하였다. 전략적으로 중요하지 않는 지역에 군사력을 투입하거나 귀중한 시간을 소비할 필요가 없었다.

2차 세계대전시 미국의 유명한 맥아더D. MacArthur(1880-1964) 장군도 일본이 점령했던 태평양상의 모든 섬을 공략하지 않고 주요한 섬들만 공격하였다. 이 같은 전법을 개구리 점프 leapfrog(아이들의 놀이로 구부린 사람의 등을 짚고 뛰어 넘기) 작전이라고 불렀다.

칭기즈칸은 큰 산의 여러 곳에 동시에 불을 지르는 전법도 사용하였다. 큰 산의 여러 곳에 동시에 불을 놓으면 가만히 있어도 산 전체가 불길에 휩싸이고 동물들이 뛰어 나온다. 이때 잠복해 있던 몽골인들은 사냥을 한다.

이 같은 사냥 방식으로 몽골 군대들은 여러 지역에서 분산하여 적국의 주요 요충지를 동시에 공격하였다. 적군은 고립되어 서로 연합하지 못하고 지도부에서는 반역자가 생겨나고 주민들은 이탈하여 몽골군에게 투항하기 시작한다. 결국 적군의 지도부는 주전파와 주화파로 분열되고 주민들은 혼란과 공황에 빠져 안전한 지역으로 탈주한다.

일반적으로 지도자와 백성을 고기와 물에 비유한다. 물이 없으면 물고기는 죽는 것처럼 백성의 지지가 없는 지도자는 패망하기 마련이었다. 백성과 지도부를 분리시키는 칭기즈칸의 산불 전략은 중국의 금나라, 송나라 등 대국을 정복하는 데 큰 효력을 발휘하였다.

3. 빠른 자가 이긴다

동물의 세계에서 공격적인 맹수인 사자나 호랑이는 머리에 뿔이 없다. 반면 방어적인 초식동물들인 코뿔소나 코끼리, 사슴, 양들은 뿔이 있다. 맹수들은 빠른 기동성으로 초식동물을 추격하며 강한 이빨과 발톱으로 급소를 공격하여 단숨에 죽인다.

칭기즈칸의 전쟁 기법은 맹수들의 전광석화 같은 기동성으로 적의 요충지를 공격하여 승기를 장악하는 것이었다. 그는 전투에서 동물적인 감각과 속전속결 전략으로 유라시아를 정복하였다. 몽골군들의 군사전략은 기습과 신속한 공격력, 기동력을 강조하는 오늘날 전격전電擊戰(blitzkrieg)이었다.

칭기즈칸은 전투를 위한 성을 쌓지 않았다. 항상 먼저 적을 공격하여 우위를 확보하였다. 몽골 유목민들은 고대부터 초원지대를 이동하면서 생활하여 성곽을 구축할 필요가 없었으며, 공격만이 전쟁에 승리하는 길이었다.

그는 전쟁에 있어 완전하고 확실한 승리를 노리었다. 전쟁에서 50% 승리하고 적군이 재기할 수 있다면 완전한 승리가 아니다. 칭기즈칸은 일시적으로 정복에 성공하는 데 도취하지 않고 적군을 끝까지 추격하여 다시 재기할 수 없도록 철저히 섬멸하였다. 그는 같은 전쟁을 두 번 하지 않았다.

그는 전투에서 승리의 비결은 아군이 정한 방식으로 전투를 주도하는 것이라고 강조했다.

그는 전쟁에 임할 때 다음과 같은 원칙을 준수하면서 군사력을 운용하였다.

1) 흩어져서 행진하고,
2) 다시 연합해서 공격하며,
3) 항상 높은 기동성을 유지하면서 속전속결로 승부하며,

4) 아군이 2개의 전선에서 동시에 전투를 하지 않으며,
5) 적들이 아군의 움직임을 예측하지 못하도록 행동한다.

칭기즈칸은 전쟁 시기와 전투 장소를 선정하여 승기를 확보하였다. 기습을 위해서는 전투장소와 시기를 선정하는 것이 승패를 좌우하는 데 결정적인 요소이다. 대부분 전투 장소는 적국의 영토였으며, 전쟁의 피해는 상대국이 감수하였다.

몽골군은 더운 여름에는 전염병의 유행을 두려워하여 공격을 멈추고 후퇴하여 서늘한 지역에서 휴식을 취했다. 그리고 겨울을 기다려 강이 얼면 말을 타고 이동하였고, 강물 위에 임시 부교를 설치하여 강을 건너기도 하였다.

그는 적을 공격하기 전에 철저하게 상대국의 정세와 지형을 파악한 후 전략을 세우고 분산하여 진격하였다. 13세기 통신이 발달하지 않은 상황하에서 상대방은 여러 군대로 분산하여 진격해오는 몽골군의 주력부대가 어디에 있는지 파악하기 어려웠다. 반면 칭기즈칸은 역참제도를 통해 어느 누구보다 적에 대한 정보를 사전에 신속하게 파악하였다.

칭기즈칸은 전투에서 행동 준칙으로 동물들을 비유하면서

낮에는 늙은 늑대의 경계심으로,
밤에는 갈가마귀의 눈으로 지켜보고,
전투에는 적을 매처럼 덮쳐라

라고 강조했다. 몽골군은 신속하고 과감한 공격력으로 단시간에 승

부를 내어야 했다. 식량, 무기, 병력 등 병참 보급이 여의치 않아 점령지에서 보충해야 하며, 적의 후원부대가 도착하기 전에 적의 성이나 요충지를 정복해야만 했다.

특히 칭기즈칸은 군사적으로 경제적으로 중요한 적의 요충지역을 점령하여 우위를 확보하였다. 몽골군들은 초시를 선점하여 적의 군마와 기마병 증강을 차단하였다. 그리고 적국의 주요 도시나 성에 공급되는 강물의 물줄기를 봉쇄하여 항복을 유도하였다.

칭기즈칸은 전투에서 가능한 몽골 병사들의 희생을 방지하기 위해 적의 포로를 병사로 동원하거나 앞장 세워 적의 화살받이로 이용하였다.

칭기즈칸은 적의 성을 정복하면 모든 주민들을 몰살시켰다. 정복된 지역에서는 죽은 자를 위해 통곡할 살아 있는 사람도 없었다. 이는 무엇보다 정복지의 배후에서 반란을 사전에 방지하고, 몽골군들은 강적이라는 이미지를 남겨 적들에게 심리적인 공포심을 조성하고 항전의 의지를 꺾는 것이 주목적이었다.

그리고 정복한 지역의 수로와 운하, 성곽, 농지들을 파괴하여 적군이 다시 재기하지 못하게 하였다. 반면 농부가 떠난 농지들은 수년이 지나면 초지가 되어 말들이 번식할 수 있는 공간이 되었다.

칭기즈칸은 인간의 신체에 비유해서 전투 대형을 운용하였다. 군대를 크게 3분하였다. 인간의 몸체에 해당되는 중심부대, 인간의 왼팔에 해당되는 좌익, 오른팔에 해당되는 우익으로 편성하였다. 중심부대에 총사령관이 위치하였다. 새는 양 날개를 움직이며 날아간다. 군사작전에서도 좌익과 우익의 역할이 중요하다.

한편, 유목민들의 속전속결 전술은 그 이후에도 전쟁에서 많이 사용되었다. 19세기 서구의 유명한 군사전략가인 프러시아 클레우 즈비치Carl von Clausewitz(1780-1831)는 단기간에 전략적인 요충지를 장악하는 것이 전쟁의 승패를 결정하는 핵심 요소라고 강조하였다.

그는 프랑스와 프러시아 간 전투에 참전한 경험을 토대로 기술한 '전쟁론'On War에서 군 지휘자가 지켜야 할 4가지 덕목으로 전투에서 이길 확률을 평가하고, 최대한 집중과 기동성으로 공격하며, 대외정책에 맞게 전쟁 수단을 동원하는 것이라고 설명했다.

세계 해전사에서 세계적인 전략가로 동양에서는 16세기 조선의 이순신李舜臣(1545-1598) 장군을, 서양에서는 19세기 초 영국 제국의 넬슨H.Nelson (1758-1805) 제독을 꼽는다. 이순신 장군과 넬슨 제독은 신속한 기동성을 이용하여 수적 열세에도 불구하고 해전에서 대승하였다.

1594년 일본의 조선 침략시 이순신 장군은 주요한 해전에서 속전속결 전략으로 왜군 함선을 격파하였다. 이순신 장군은 왜군의 함선들을 학 전법으로 포위한 후 속도가 빠른 거북선을 선봉에 내세워 왜군 함대를 공격하여 대승하였다. 당시 일본과의 해전에서 거북선은 초원에서 말과 같은 기동성으로 승기를 장악하였다. 이순신 장군은 병력의 열세에도 불구하고 해전에서 패한 적이 없는 전쟁의 신이었다.

영국의 넬슨 제독은 18세기 말 프랑스와 스페인 연합함대와 유명한 트라팔가Trafalgar 해전에서 27척의 소형 함선을 빠른 속도로 스페인 연합 함대에 근접시켜 함포를 발사케 하여 대승을 거두었다.

4. 적을 속이다

몽골 군사들은 적을 속이는 계략에도 출중하였다. 1241-42년 겨울 몽골군은 유럽의 다뉴브강을 사이에 두고 헝가리군과 서로 팽팽히 대치하였다. 몽골군은 헝가리 군대를 기습 공격하기 위해 한밤중에 얼어붙은 다뉴브 강을 몰래 말을 타고 건너고자 하였다.

그러나 수백 명의 병사들이 동시에 지나갈 정도로 다뉴브 강이 얼마나 강하게 얼었는지 확인할 수가 없었고, 강 반대편에는 수만 명의 헝가리 병력이 주둔하고 있었다. 몽골군은 우선 한밤중에 헝가리군 몰래 수십 마리의 말들을 얼어붙은 강 한가운데 가져다 놓았다. 당시 말들은 군마로서 전쟁에서 주요한 자산이었다.

헝가리 병사들은 횡재로 생각하여 얼음 위로 걸어와 말들을 끌고 갔다. 마침내 얼음이 깨지지 않는 것을 숨어서 보고 있던 몽골군 수천 명이 강을 건너 헝가리군을 격멸시켰다.

또한 몽골병사들은 적을 유인하고, 매복하여 섬멸하는 데 명수였다. 몽골병사들은 헝가리 병력을 유도하기 위해 일부러 퇴각하였다. 헝가리군이 일단 공격하면 계속 며칠 동안 쫓아오도록 헝가리 병력 속에 몰래 몽골군의 스파이를 침투시켜 진군을 유도하였다. 헝가리 병사들은 서로 연락이 단절되었고 결국 진군으로 오해하여 몽골군을 계속 추격하였다. 그러나 매복 중이던 몽골군에게 헝가리 군대는 몰살되었다.

몽골군들은 적군을 유인하기 위해 전승품을 일부러 야외에 남겨놓고 후퇴하였다. 적군들은 몽골군을 추격하지 않고 전승품을 수집하는데 정신을 집중하는 사이에 몽골군이 급습하여 승기를 잡았다.

몽골 군사들은 성안의 적군을 외부로 유인하기 위해 일부러 수십km 후퇴하기도 하였다. 며칠 후 상대방 군사들이 추적해오면 몽골군들은 매복해 있다가 기습으로 공격하였으며, 짚으로 만든 가짜 병사들을 태운 말 수백 마리를 갑자기 출현시켜 혼란을 야기하였고 그 틈을 타서 적군을 섬멸하는 계략도 사용하였다.

그리고 몽골군은 획득한 헝가리 영주의 도장을 이용하여 가짜 문서를 만들어 헝가리 주민들을 속였다. 몽골군은 전쟁에서 승리를 위해 종교도 이용하였다. 몽골 병사들은 적군의 복장을 가장하여 십자가를 들고 적의 성 앞으로 다가가면 기독교를 신봉하는 적들은 응원군으로 파견된 아군으로 오인하여 성문을 열어주기도 하였다. 결국 적들은 섬멸되었다.

몽골군은 말 꼬리에 나뭇가지를 매달아 사막을 질주하면서 먼지를 일으켜 대군이 진격하고 있는 것처럼 위장하기도 하였다. 2차 세계대전시 '사막의 여우'라고 불리었던 독일의 유명한 롬멜 E.Rommel(1891-1944)장군도 아프리카 사하라 사막에서 연합군과 전차전투에서 유사한 전법을 사용하여 연합군을 속이기도 하였다. 롬멜 장군은 자전거, 자동차, 낙타 등 움직일 수 있는 모든 것을 동원하여 사막에서 가능한 많은 먼지를 일으키게 하여 연합군이 먼 곳에서 볼 때 많은 독일군 전차가 먼지를 일으키며 이동하는 것으로 오인하게 만들었다.

한편, 몽골군은 상황에 따라 속임수에 능했으며, 전쟁에 도움이 되는 새로운 기술을 적극적으로 도입하였다. 몽골군은 중국 기술자로 하여금 화포와 기중기를 제작하게 하여 유럽이나, 이란, 아랍의 성벽을 공격하였다.

몽골군은 1273년 회회포라는 새로운 병기를 도입하여 중국의 남송을 공격하였다. 회회포는 중동의 이슬람군이 만든 거대한 투석기로서 큰 바위 돌을 700m 날려 보냈으며, 중국의 남송南宋을 정복하는 데 크게 기여하였다. 당시 중국에서는 이슬람을 회회교回回敎라고 불렀다.

몽골군은 중국 금나라 도시들을 정복할 때 화력을 사용하였다. 예를 들면 약 1만 마리의 제비와 천 마리의 고양이 꼬리에 불을 붙인 양모를 달아서 투석기로 적의 도시로 날려 보냈다. 그러면 도시는 순식간에 불길에 휩싸이고 적들은 혼란에 빠진다. 8세기 아프리카의 이슬람 무어인Moors들이 스페인을 침입할 때 불이 붙은 막대기를 황소 꼬리에 달아서 적의 진영으로 돌진케 하였다고 한다.

5. 활은 최고 병기

13-14세기 몽골군의 주요 무기는 말, 그리고 활과 화살이었다. 몽골 기마병들은 말 옆에 2개의 화살통을 달고 각각 30개의 화살을 적재하였으며, 60개의 화살을 휴대하였다.

몽골 유목민들이 사용한 활은 긴 활과 작은 활 2종류였다. 활은 물소 뿔과 동물의 힘줄, 나무 등으로 합성하여 만들었으며 표면에 옻칠을 해서 습기에 강하게 하였다. 궁수가 일반적으로 화살을 적재한 활을 끌어 당기 위해서는 166파운드(75kg)의 힘이 필요하며, 어릴 때부터 연습하지 않으면 강한 활을 당길 수가 없었다.

몽골 기마군단은 13세기 러시아와 전투시 사거리가 긴 몽골 활을 사용하여 큰 위력을 발휘하였다. 몽골 활의 사정거리는 러시아 활 보다 훨씬 길었다. 몽골병사들은 먼 거리에서 화살로 러시아군을 공격하였으며, 러시아 군은 화살을 발사하더라도 사거리가 짧아 몽골군을 살상할 수가 없었다. 그리고 러시아군은 몽골군이 발사한 화살을 회수하여 사용할 수가 없었다. 그러나 몽골군은 러시아군이 발사한 화살을 회수하여 다시 사용할 수 있도록 활을 개량하여 전투력을 배가하였다.

1950년 한국전쟁 당시 한국군의 박격포는 구경이 81mm였고 북한군이 사용한 소련제 박격포는 구경이 82mm였다고 한다. 북한군은 한국제 박격 포탄을 사용하여 발사할 수가 있으나, 한국군은 노획한 소련제 박격 포탄을 사용할 수가 없었다.

몽골 병사들은 전투 중에 수십 개의 화살을 신속하게 발사해야 하며, 사거리를 늘리기 위해서는 활을 가능한 크게 당겨야 하며, 손가락에 착용하는 반지斑指가 유용하였다. 화살을 용이하게 발사하기 위해 오른손 엄지에 돌로 된 작은 반지를 착용하기도 했다. 15세기 중앙아시아에 유목 이슬람 제국을 건설한 티무르는 구리로 된 반지를 병사들이 손가락에 착용케 하여 사거리를 크게 늘렸다. 궁수弓手들은 가죽으로 된 골무 같은 것을 손가락에 착용하여 활을 발사하기도 하였다. 사거리가 클수록 살상력도 높고 전투에 유리하였다.

몽골 활의 사거리는 300야드(약 270m)이며, 최대로 화살이 550야드(약 500m)까지 날아가기도 하였다. 화살촉은 동물의 단단한 뼈나 금속으로 만들며, 화살대는 나무나 갈대로 만들었다.

몽골 기마군단은 초원에서 전투시 종대로 10명의 기병들이 일렬로 정렬한다. 그리고 명령에 따라 제일 선두의 기마병사가 달리면서 200-300m 전방에서 적군을 향해 화살을 날린다. 그리고 선두 병사는 종대의 제일 뒤로 돌아가고 2번째, 3번째 병사가 계속 활을 날리고 다시 뒤로 돌아가는 연속식 relay의 진법을 구사하였다. 수천 명의 몽골 기마병들이 횡대로 전선의 길이를 늘이면서 수백 개의 종대를 구성하여 마치 바다의 큰 파도처럼 적을 향해 계속 공격하였다. 끊임없이 밀려오는 파도 전법은 적에게 엄청난 심리적 위압감을 주었다.

몽골군의 전투대형에 대항하기 위해 적의 전투 대형이 횡대로 늘어나고 전력이 분산되면 몽골군은 갑자기 정T 모양의 공격적인 전투대형을 편성하여 적의 중심부를 향해 신속히 공격하였다. 적군의 심장부가 무너지면 적군은 혼란에 빠지고 쉽게 무너졌다. 몽골군은 적의 군사력을 분산시킨 후 적의 핵심을 공격하여 승기를 확보하였다.

이 같은 전술은 아군의 병력이 적군의 병력보다 월등히 적을 경우 기동성을 주력으로 공격할 때 유효하였다. 반대로 적군을 아군의 진영으로 깊숙이 유도하여 전선을 길게 확대한 후 적을 공격하여 승리하기도 하였다. 2차세계대전 당시 독일군은 소련의 모스크바까지 진격하였으나, 결국 수천km의 긴 전선이 형성되어 군사력은 분산되었으며, 결국 소련군의 반격에 패퇴하였다.

몽골군의 화살은 3종류이며, 목표물에 따라 화살 종류를 선택하였다. 활대가 짧은 화살은 호랑이, 곰 등 야생 동물들의 사냥에 사용되었다.

화살촉이 뾰쪽하고 가벼운 화살은 적과의 원거리 전투에서 사용하였으며, 무거운 화살은 근거리 전투에서 사용하였다. 가벼운 화살은 멀리 날아가고, 무거운 화살은 멀리 날아가지 못하나 살상력이 뛰어났다.

몽골 병사들은 여러 종류의 화살을 적재한 화살통을 말에 달고 다니면서 목표물에 따라 화살을 선택하여 사용하였다. 몽골군은 소리 나는 화살도 이용하여 병사들의 공격과 진군을 통제하였으며, 밤에는 불화살을 신호탄으로 사용하였다.

화살은 적의 살상이 목적이며, 대개 뱀의 독을 바른 치명적인 독화살이었다. 몽골 병사들은 뱀의 독을 말려서 가루로 만들어 휴대하였으며, 전투시에 독화살을 사용할 수가 있었다. 몽골군들은 소위 말 지뢰도 사용하였다. 철제로 제작된 끝이 창처럼 뾰족한 마름꼴 모양의 삼지창을 말이 다니는 길에 설치하여 적의 기마병들에게 피해를 주었다.

한편, 몽골군은 여러 종류의 방패도 사용하였다. 동물의 가죽과 나무, 그리고 거북이 등껍질로 된 방패였다. 각 방패는 용도가 달랐으며, 몽골 병사들이 적의 성곽이나 요새를 오를 때는 거북이 등껍질로 된 강한 방패를 사용하여 몸을 최대한 보호하였다.

칭기즈칸은 세계적으로 강한 갑옷을 개발하였다. 장군이 착용하는 갑옷은 여러 겹의 가죽으로 만들었고, 습기에 견디도록 갑옷의 겉을 옻칠하였다. 그리고 병사들은 전투에서 강철로 만든 모자를 쓰고 머리에서 귀까지 가죽으로 덮어 방어하였다. 몽골 기마병들의 가죽 갑옷은 당시 유럽 기마병들의 철제 갑옷보다 훨씬 가벼워 전투에서 몽골 기마병이 유리하였다고 한다. 유럽의 철제 갑옷은 무거워 말들이 쉽게 지쳤다.

또한 칭기즈칸은 병사들에게 비단으로 짠 속옷을 착용케 하였다. 비단은 재질이 질기고 강해서 적의 화살이 쉽게 관통할 수가 없었다. 적의 화살이 병사들의 몸에 박히더라도 비단 천을 휘감고 박히게 되어 비단 천을 잡아당기면 박힌 화살을 쉽게 제거할 수가 있었다.

그리고 비단은 목화로 짠 면포綿布보다 비에 잘 젖지도 않았다. 방수 효과가 있어 전투 중에 우기雨期에도 비단 속옷을 입은 병사들은 활동에 큰 지장이 없었다. 그리고 비단은 해충에 강해 쉽게 손상되지 않고 오랫동안 입을 수 있었다. 다만 비단은 당시 너무 비싸 일반 병사들은 입을 수가 없었으며, 왕이나, 장군, 귀족 출신 장교들의 전유물이었다.

몽골군은 육지는 물론 강에서도 강했다. 몽골군은 옷이나, 식량 등 군수품을 방수가 되는 가죽으로 된 보자기나 가방에 싸서 말 위에 싣고 말의 고삐를 잡고 수영하면서 강을 건너기도 하였다.

한편, 몽골군의 가죽 갑옷은 한반도에도 영향을 미쳤다. 조선 시대에는 몽골군의 갑옷을 개량하여 화살이 관통하기 어려운 두정갑頭釘甲이라는 갑옷을 개발하였다. 갑옷의 외피에 못 머리와 유사한 작은 철구가 수십 개 박혀 있어 두정(대갈못)이라고 불렀다. 두정갑은 가죽과 천으로 만들어진 외피와 방호를 위해 안쪽에 붙이는 철판조각으로 구성되어 있었다. 외피와 철판조각을 철제 정으로 단단히 고정시켜 화살이 관통하지 못하게 하였으며, 칼날에 쉽게 베이지 않았다.

6. 육포는 최고의 전투 식량

몽골인들은 전쟁시에 식량 보급이 특별히 필요하지 않았다. 몽골 병사 1명이 말 3-4마리를 끌고 전투에 참가하면서 말을 도살하여 식용으로 사용하였기 때문이다. 몽골 기마군단에서는 현장에서 식량을 조달하여 후방에서 전선까지 보급을 담당하는 병사가 별도로 필요 없어 그만큼 실제 전투에서 동원할 병사를 많이 확보할 수가 있었다.

몽골인들은 전쟁 기간 중에 먹거리를 간단히 해결하였다. 비상시에는 말 껍질을 벗겨 포대로 만들고 그 포대 속에 물과 잘게 자른 말고기를 넣었다. 그리고 마른 말똥으로 불을 지펴 뜨겁게 달궈진 돌을 포대 속에 넣어 고기를 익혀 먹었다.

몽골 병사들은 소고기, 양고기, 말고기를 건조시켜 말안장에 달고 다니면서 전투를 하면서도 먹었다. 오늘날 육포의 기원이다. 또한 몽골인들은 말의 생고기를 말안장 밑에 놓고 며칠간 타고 다니면 생고기가 건조되고 부드러워지며 먹기 좋은 육포가 되었다.

4세기 유럽에서 민족 대이동을 초래한 유목민인 훈족들도 생고기를 자신의 허벅지와 말의 등 사이에 끼워 타고 다니면서 먹었다고 한다.

몽골인들은 양고기, 물고기, 말고기 육포를 가루로 만들어 휴대하다가 물에 타서 마셨으며, 오늘날 몽골의 보르츠Borcha이다. 보르츠는 2-3년간 보관이 가능했으며, 전쟁터에서 언제든지 먹을 수가 있었으며, 단백질이 풍부하여 최고의 전투 식량이었다.

몽골병사들은 육포 가루와 건조시킨 우유가루를 식사용으로 대용할 수가 있어, 불을 사용해서 요리하지 않고 10일간을 이동할 수가 있었다. 수천 명의 병사들이 수일간 병영에서 불이나 연기 없이 숙식하고 야영할 수가 있어 적군에 쉽게 발각되지 않았다. 당시 몽골제국을 방문했던 마르코 폴로 Marco Polo(1254-1324)는 그의 『동방견문록東方見聞錄』에서 하루에 말 1마리로 몽골병사 100명을 먹여 살렸다고 한다.

그리고 몽골인들은 탄수화물이 많은 곡물보다 단백질이 풍부한 육고기와 우유 등을 주식으로 하여 농경인들보다 뼈와 이가 튼튼하고 건강했다고 한다.

몽골 병사들은 봄이나 여름에 목이 마르면 말 젖을 발효시킨 크미즈(마유주, 馬乳酒)를 마셨다. 전투에서 생수를 구하기 어려울 경우 좋은 대용품이었다. 몽골인들은 식수를 구하기 어려울 경우 말의 정맥에서 피를 뽑아 마시면서 심한 갈증을 해소하기도 하였다.

중앙아시아와 몽골 초원의 말들은 추운 겨울날 얼어붙은 땅 밑에 있는 풀뿌리들을 발굽으로 파서 먹는다. 19세기 초 프랑스 나폴레옹이나, 20세기 독일이 러시아를 침공했지만 결국 러시아의 강한 추위에 패퇴하였다. 그러나 13세기 몽골군은 추위에 강하고 지구력이 뛰어난 말 덕택으로 러시아를 점령할 수 있었다.

일반적으로 말 십만 마리를 먹이기 위해서는 겨울에 4,200톤의 곡물이 필요하다고 한다. 그러나 중앙아시아나 몽골 말들은 풀을 먹고 자란다. 유목민들이 전쟁하기 유리한 곳은 말들에게 필수적인 초지가 발달한 지역이며, 초지가 없는 지역으로 진출할 수가 없었다. 13세기 몽골군이 유럽으로 진격할 때 헝가리로 진로를 결정한 것은 헝가리에 수십만 마리의 말들을 먹일 수 있는 대초원 Great

Hungarian Plain 있었기 때문이었다.

13세기 몽골군이 헝가리에서 승리한 이후에 계속 유럽으로 진격하지 않고 갑자기 철수한 배경에는 여러 가지 이유가 있었다. 우선 원나라의 오고타이 칸(1186-1241)이 사망하자 몽골의 법에 따라 후임자를 결정하기 위해 헝가리에서 몽골군이 급히 귀국하였다고 한다. 또 다른 이유는 서유럽은 수십만 마리의 말들을 먹일 초원이 없었으며, 산악과 울창한 산림 지역으로 말들의 이동이 어려워 몽골군들이 헝가리에서 철수했다고 한다. 그리고 유럽은 당시 너무 가난하여 약탈할 재물이 없어 몽골군이 침공할 필요가 없었다고 한다. 가난한 집에는 도둑이 들지 않으며, 어부는 고기가 많이 노닌 곳에 거물을 친다.

03 말위에서 제국을 통치 못하다

1. 제도를 정비하다

칭기즈칸의 참모로서 유라시아 정복에 큰 역할을 한 인물이 야율초재耶律楚材(1190-1244)이다. 그는 거란인으로서 '제국은 말위에서 정복되었지만 말위에서 다스릴 수가 없다'A kingdom conquered on horseback could not be ruled on horseback고 지적하였다. 칭기즈칸은 말을 타고 유라시아를 정복했지만 제국을 통치하기 위해서는 말에서 내려야 했다. 통치와 정복은 서로 다른 전략이 요구되었다.

고대부터 유목민들은 몇 십 배나 인구가 많은 중국을 정복하여 지배할 경우 통치하는 방안에 대해 고심하였다. 유목민들과 농경민들은 서로 문화와 생활 방식이 판이하였기 때문이었다.

9세기 유목민인 거란이 중국을 점령하고 요遼(816-1125) 나라를 건국하였다. 요나라는 거란의 잡다한 민족들과 거대한 영토를 통치하기 위해 남북복면의 이중 체제를 실시하였다. 남면관은 농경민인 중국인과 발해인을 중국식 군현제로 통치하고 북면관은 유목민들인 거란인과 여타 북방민족들을 부족제를 통해 별도로 통치하였다.

12세기 반농, 유목민인 여진족女眞族이 만주에서 흥기하여 금金(1115-1234)나라를 건국하였다. 금나라도 요나라처럼 이중 체제를 도입하였다. 중국인에 대해서는 중국식의 군현제로 통치하고 여진족과 여타 북방민족들에 대해서는 군사적 사회조직인 맹안모극제로 통치하였다.

그러나 몽골제국은 하나의 통치체제와 법령으로 유목민과 농경민 등 모든 민족들을 통치하였다. 그리고 영토가 확장되고 인구가 증가함에 따라 새로운 시대에 걸맞은 제도와 법령의 정비가 필요하였다. 당시 인구 비율은 몽골 1명당 외국인 1천 명이었다.

우선 몽골제국은 고대부터 내려오는 악폐를 근절하였다. 몽골제국은 부족 간의 갈등을 야기하는 여성 납치와 여성 매매, 그리고 몽골인을 노예로 사고파는 관습을 철폐하였고 중국의 전족을 금지하였다. 사회적 갈등을 사전에 방비하기 위한 획기적인 조치였다.

이어서 사회 통합의 기본단위인 가족을 보호하기 위해 간통을 금지시켰고 본처 자식과 첩의 자식을 동등하게 대우토록 하였다. 유목사회에서 본처 자식이 첩의 자식보다 서열상 우위에 있어 재산 상속권을 두고 가족 불화가 많았다.

또한 가족 모두에게 공동으로 책임을 지게 하였다. 가족 중 한 사람이 가축을 훔치거나 범죄를 저지를 경우 가족 모두가 연대로 보상하거나 책임을 지게 하였다.

몽골제국은 당시 중국에서 널리 시행되었던 이마에 낙인을 찍는 것을 금지하였다. 몽골인들은 머리에 영혼이 거주하고 있다고 믿었으며 대신 범죄자들의 팔에 낙인을 새겼다.

무엇보다도 재산 소유권을 보호하였다. 몽골 유목민들에게 말, 양, 염소 등 가축은 주요한 자산이었다. 남의 가축을 훔치는 자는 사형이었으며, 길 잃은 가축을 발견하면 즉시 주인에게 돌려주도록 하였다.

사슴이나 여우 등 야생 동물에 대한 사냥도 통제하였다. 번식기인 3-10월동안 사냥을 금지하였으며, 흉년이나 먹거리가 부족할 경우에만 사냥을 허용하였다.

몽골제국은 정복한 상대방의 국민들을 적극 포용하였다. 상대방의 국민들을 노예보다는 동등한 시민으로 수용하였다. 가능한 자립적인 농민이나 시민으로 양성하여 세금을 징수하는 것이 제국의 발전에 도움이 되었기 때문이었다. 농촌에서는 50가구를 하나의 행정단위로 편성하여 세금을 징수하였다.

칭기즈칸은 지방 귀족들과 토호들의 반란을 방지하기 위해 그들의 아들들로 구성된 친위대를 조직하여 궁정에 상주시키면서 직접 관리하였다. 약 1만 명으로 구성된 친위대는 고등 교육을 받았고 칭기즈칸의 자식처럼 대우를 받았으며, 중앙과 지방의 행정관리로 파견되었다.

중국 원나라는 한족을 통제하기 위해 중국의 전통적인 과거제도를 폐지하였고, 대신 외국인을 뽑아 관리로 채용하였다. 한족과 외국인들의 채용에도 할당제가 적용되어 서로 견제케 하였다. 주요정책의 결정 과정에 민주제가 도입되었다. 정부 부처에 위원회가 설치되어 주요 사안은 합의를 통해 결정하였으며, 한 문서에 최소 2명이 서명하게 하였다.

    칭기즈칸은 그의 계승자들이 몽골 부족장들의 회의인 쿠릴타이 Khuriltai에서 민주적으로 선출되게 하였다. 그러나 칭기즈칸 사후에 그의 자식들은 서로 쿠릴타이를 개최하여 황제로 등극코자 하였으며 결국 형제들 간의 싸움으로 몽골사회는 분열되었고 몽골의 패망을 앞당겼다. 피는 물보다 진하다고 한다. 그러나 권력에 대한 인간의 탐욕이 피보다 강했다.

2. 역참은 최고의 통신제도

    13세기 몽골이 유라시아를 정복하고 몽골 제국을 유지할 수 있었던 것은 말을 이용한 역참驛站(투르크 발음으로 yam, 몽골어로 Ortoo)이라고 불리는 독특한 통신체제였다. 역참제도는 고대부터 유목민들의 전통적인 통신 수단이었으며, 몽골제국은 이를 발전시켜 당시 세계에서 제일 빠른 물류망으로 활용하였다.

    역참제도는 오늘날 초고속 인터넷 통신망이었다. 몽골제국은 13세기 초에 중국과 몽골 주요 지역에 약 10,000여 개의 역참을 설치하였으며, 200,000마리의 말을 배치하였다. 역참에는 곡물창고도 구비되어 있어 항상 음식이 제공되었다. 역참은 일렬이 아닌 사방으로 서로 거미줄처럼 연결되어 총 길이는 약 6만km였다고 한다.

    역참은 기능에 따라 4종류가 있었다. 타얀tayan 역참은 외교관들의 화물을 수발하는 것이며 오늘날 외교행낭과 유사하였다.

나린narin 역참은 정보요원이나, 군인들이 이용하였으며, 테르젠 tergen역참은 마차의 저장소, 모린morin역참은 단순히 말들이 대기하는 장소였다. 역참은 지형에 따라 서로 이격離隔 거리가 40마일(64km) 혹은 10마일(16km)이었다.

북중국에서 카라코룸에 이르는 역도에 70리마다 37개의 역참을 두었다고 한다. 『동방견문록』을 남긴 마르코 폴로는 중국의 주요 도로변에 25마일(40km)이나 30마일(48km)마다 역참이 설치되었다고 한다.

당시 몽골인들은 하루에 최고 250마일(402km)을 말을 타고 이동하도록 각 역참마다 약 250마리의 말을 항상 준비하였다. 그리고 한 마리의 말은 약 10마일(16km)을 질주하며, 다시 다른 말로 교대하였다.

250마리의 말 중 50마리의 말을 역참에 항상 대기시켰고, 나머지 200마리는 초원에 방목하여 휴식하게 하였다.

몽골인들은 달이 없는 어두운 밤에는 횃불을 손에 들고 말을 타고 달렸다.

말을 하루 종일 타는 것은 매우 힘이 들었으며, 건강한 젊은 사람이 파발자로 선발되었다. 파발자는 서로 교대하였으며 한 번에 최대 1,300마일(2,092km)을 달리기도 하였다.

밤에는 횃불을 들고 밤낮 24시간에 160마일(257km)을 달린다고 한다. 몽골 관리들은 패자牌子

패자(파이자)

(파이자 paiza)라는 패를 휴대하여 역참에서 제시하고 말을 이용하였다. 패자에는 파스파 문자(1269-1360년간 사용된 중국 원나라 몽골문자)로 아래와 같이 명기되어 있었다고 한다.

영원한 하늘의 힘에 기대어, 카안의 이름은 신성하도다.
경배하지 않는 자는 죽음을 당할 것이다.

패자는 3종류로서 금, 은, 동으로 각각 제작되었으며, 오늘날 여권과 같았다. 사람들의 손보다 조금 큰 패자를 휴대한 자에게는 숙식이 무료로 제공되었고, 세금이 면제되었으며, 오늘날 외교관처럼 면책특권免責特權이 부여되었다.

몽골인들은 육지에서의 역참과 함께 해안지방에는 수참水站과 해참海站을 설치하여 선박을 비치하였다. 그리고 북방의 추운 지방에는 구참狗站을 설치해 눈썰매와 썰매를 끄는 개들을 준비하였다. 몽골과 중앙아시아는 겨울이 6개월이며, 한 겨울에 영하 40도까지 내려가며 눈이 많이 온다.

말을 사육하고, 역참에 드는 비용은 그 지역 주민들이 부담하여 원성이 잦았다. 중국 원나라 인구의 약 6%가 역참 운영 경비를 부담하였다. 그리고 중국 원나라 말기에는 관리들의 가족들과 친척들이 역참을 불법적으로 이용하고, 도둑들도 관리를 사칭하여 역참을 몰래 이용하여 문제가 많았다.

역참제도는 150년간 유지되었으며, 13-14세기 유라시아를 지배한 몽골제국의 주요한 통신제도였다. 한편으로는 적군들이 편리하게 정비된 역참제도를 이용하여 쉽게 몽골제국을 침략할 수도 있었다.

말을 이용한 역참제도는 그 역사가 깊다. 중국의 춘추전국시대에 역참제도가 활용되었고, 진秦나라, 한漢나라의 역참제도는 주요한 국가제도로 발전하였다.

기원전 6세기 사산조 페르시아 제국도 역참을 설치하였다. 페르시아 제국의 나리우스 황제(기원전 550-480)는 서아시아의 큰 영도를 통치하기 위해 20여 개의 성을 분할하고 이들 성과 수도인 수사Susa를 연결하는 간선도로를 건설하였다. 그리고 이들 간선 도로 변에 역참을 설치하였으며, 통신을 신속하게 하고 행정을 용이하게 하였다. 로마 제정시대에도 말을 이용한 파발제가 운영되었다. 로마 가도에 10-15km마다 거리를 두고 역참을 운영했다고 한다.

한국도 조선시대 말을 이용한 파발제擺撥制가 운영되었다. 25리(약 10km)마다 역을 두었고 파발의 속도는 1주야에 약 300리(약 120km)였다고 한다.

미국은 1860년대 서부개척시대에 말을 이용하는 역참제도가 캘리포니아주에 도입되어 10마일16km마다 역참이 설치되었다고 한다. 매우 힘들어 말을 타는 사람들은 사망자가 많았으며, 이들은 최대 하루에 100마일160km을 달렸다고 한다.

한편, 당시 몽골의 역참제도와 비견할 수 있는 통신 수단이 아랍 세계에서는 비둘기였다. 10-13세기 중동의 이슬람 국가들은 비둘기를 이용하여 원거리와 소통하였다.

옛날부터 인간들은 비둘기가 원래 장소로 돌아오는 습성이 있다는 것을 알고, 비둘기 다리에 편지를 달아서 목적지로 날려 보냈다. 며칠 후 비둘기는 답신을 갖고 다시 원주인에게 돌아온다. 물론 전문 사육자가 비둘기를 미리 훈련시켰다.

비둘기는 힘이 좋아 한 시간에 100km를 날아가며, 밤에는 휴식하고 하루 12시간씩 최대 3일간 비행할 수 있었다고 한다. 아랍 사람들은 먼 거리의 친척들과 통신을 위해서 비둘기를 사육하였으며, 내란과 전쟁 등 비상시에는 비둘기가 주요한 통신 수단이었다.

비둘기는 먼 거리에서 신선한 과일을 가지고 오는 데도 사용되기도 하였다. 신선한 체리를 좋아했던 어떤 아랍의 군주는 매일 600km 떨어진 체리 밭에서 비둘기를 이용해 체리를 먹었다고 한다. 매일 수백 마리의 비둘기들이 하나의 체리가 들어 있는 조그마한 비단 주머니를 양다리에 매달고 하루 600km 날아 궁전에 도착하였다고 한다.

비둘기들은 비행하는 동안 험한 날씨에 희생되었고 독수리와 매의 먹이가 되기도 하였다. 비둘기들은 약 160km 비행할 경우 약 95%가 목적지에 도착하며, 수백km 비행할 경우 약 50%정도 목적지에 도착한다고 한다.

3. 세계가 소통하다

외국 사신들과 상인들도 역참을 무료로 사용하였다. 상인들의 왕래가 잦아지자 경제도 발전하고 세금도 많이 징수되었다. 몽골 제국은 중국의 한족 지배층과 달리 색목인色目人을 상인으로 우대하였으며, 해상과 육상을 통한 국제무역을 널리 육성하였다.

중국의 유교는 상인들을 천시하였지만 몽골 제국은 상업을 국부의 근원으로서 중요시 하였고 상인을 우대하였다. 이 시기에 부를 빨리 축척하는 수단은 상업과 통상이었다. 몽골 황실들이 수공업 공장을 경영하였고 직접 상업에 종사하였으며 오늘날 대기업이었다.

몽골은 무역과 교류가 활빌하고 접촉과 왕래기 많을수록 제국이 서로 통합되고 평화가 유지된다고 믿었다. 국제사회에 서로 경제적인 이익이 발생하면 그만큼 분쟁과 갈등이 해소된다고 보았다.

몽골제국은 지역 간의 무역과 교류를 촉진시키기 위해 지폐를 처음으로 통용하였고, 국제화폐도 도입하였다. 그리고 시간과 달력을 정밀화하였으며, 무게와 길이 단위를 표준화하였다.

13세기 중국은 12종류의 동물로 된 달력을 이용하였고, 이슬람은 음력을, 페르시아 사람들은 춘분을 신년의 시작으로, 유럽은 양력을 사용하여 국제적으로 표준화된 달력과 시간의 통일이 필요하였다.

몽골 제국의 노력으로 오늘날 소위 유라시아 자유무역지대가 형성되었고 몽골제국이 세계 경제중심으로 부상하였다. 11-13세기 십자군 전쟁으로 지중해와 중동 지역은 위험해지자 무역이 쇠퇴하고 대신 13세기말부터 몽골이 지배하는 흑해가 무역의 중심지로 각광을 받았다.

당시 흑해를 통과하는 상품은 가격의 3-5%가 관세였으나 지중해를 통과하는 상품은 가격의 10-30%가 관세였다. 자연히 베네치아 등 이태리 주요 도시의 상인들은 불안전하고 관세가 높은 지중해보다 안전하고 관세가 낮은 흑해를 무역 장소로 선택하였다.

몽골제국은 무역을 촉진시키기 위해 관세를 대폭 인하하기도 하였으며, 상인들에게 역참을 무료로 이용케 하였다. 결국 물고기들이 먹이가 풍부한 곳에 모이듯이 돈과 상인은 인종이나 이념, 종교보다는 항상 이익이 많은 곳으로 몰린다.

유럽과 아시아 간 무역이 발달하자 문화교류도 활성화 되었으며, 새로운 기술이 개발되었다. 몽골제국은 중국의 화약, 이슬람의 화염방사기, 유럽의 종을 제작하는 기법을 종합하여 대포를 제작하였다.

중국의 지문 채취 방법과 맥박을 재는 방법, 국수, 차, 카드놀이가 페르시아를 통해 유럽으로 전해졌고 대신 당근, 레몬이 유럽에서 중국으로 전래되었다. 몽골식 속옷과 조끼가 유럽에서 유행하였으며, 현악기를 연주하는 활이 유럽에 비로소 도입되었다.

그리고 몽골 파스파 문자가 외교문서에 사용되었고 국제어로 통용되었다. 중국의 풍로가 몽골을 통해 유럽에 전달되었으며, 이것은 유럽에서 제철업을 발전시키는 데 크게 기여했다.

몽골제국에서 통용된 종교의 자유, 외교관의 면책 특권, 정교 분리와 교회에 대한 국가의 우위, 국제법 등은 유럽에 많은 영향을 주었다.

한편, 무역이 몽골 제국의 평화와 번영을 촉진시킨 만큼 무역의 쇠퇴는 몽골의 몰락을 재촉하였다. 14세기 중반 남중국에서 발병한 흑사병이 쥐, 벼룩을 통해 유라시아 전역으로 확산되었다. 흑사병으로 아랍과 유럽, 인도, 중앙아시아에서 수천만 명 사망하였으며, 무역과 상인들의 왕래가 중단되었다. 한때 무역을 촉진시킨 비단길은 흑사병이 전파되는 죽음의 길이 되었다. 지방의 군주들은 흑사병을 방지하기 위해 주민들의 이동과 상품 거래를 금지시켰으며, 선물을 주고받는 것도 허락하지 않았다.

4. 성지는 없다

이슬람과 기독교, 정교 등 유일신의 종교들은 다른 신을 인정하지 않고 배타적이었다. 자기들이 믿는 유일신이 다른 신들보다 힘이 우세하다는 것이었다. 결국 11-13세기 유럽의 기독교와 아랍 이슬람 간 십자군 전쟁(1096-1291)이 발발하였다. 예루살렘의 성지 탈환을 둘러싼 기독교의 십자가와 이슬람의 초생달간의 전쟁이었다.

과도한 종교적인 열정으로 무고한 많은 시민들이 죽었고 사회는 황폐화 되었다. 한때 아랍 반도와 이집트를 지배했던 이슬람 국가들은 유럽과의 200년간 십자군 전쟁으로 국력은 피폐해졌고 결국 13세기 몽골의 칭기즈칸에 정복당했다.

13세기 칭기즈칸은 몽골제국의 질서와 통합을 유지하기 위해 이민족을 포용하였고 여러 외래 종교를 수용하였다. 몽골제국에서는 여러 종교가 서로 평화롭게 공존하였다. 위구르인들은 이슬람을, 거란인들은 불교를, 몽골 나이만 부족들은 기독교를 각각 신봉하였다.

우선 칭기즈칸은 종교의 배타성을 억제하고 모든 종교에 대해 관용적이었으며, 평등하게 대우하였다. 그는 종교적인 신분을 인정하였고 종교 업무에 종사하는 승려나 신부들에게 세금을 면제해 주었다. 그리고 종교의 자유를 보장하였고 종교들 간의 경쟁을 통해 서로를 견제하게 하였다.

오늘날 소위 종교의 자유가 13세기 몽골에서 인정되었으며, 당시 아랍이나 유럽에서는 인정되지 않았다. 중국 원나라는 1287-1288년간 사우만Rabban Bar Sawma을 사신으로 유럽에 파견하였다. 그는 1년간 몽골, 중동, 유럽, 영국 등 7,000마일(11,265km)을 여행하였으며 유럽에서 기독교, 즉 하나의 종교만 허용되는 것을 이상히 생각하였다.

몽골의 Mongke(1209-1259, 원나라 헌종)칸은 신이 인간의 손에 여러 모양의 손가락을 준 것처럼, 사람들에게 여러 방법을 주었다고 하면서 국교를 부정하였고 종교의 자유를 지지하였다. 그는 하늘에는 영원한 푸른 신이 있으며, 지상에는 신의 아들인 칭기즈칸만 있다고 주장하였다. 그는 칭기즈칸의 권위와 영향력을 손상시킬 수 있는 외래 종교를 견제하였다. 그는 종교의 자유는 인정하되 종교보다 정치를 우위에 두었다.

칭기즈칸은 이슬람과 기독교도들의 성지 순례를 인정하지 않았다. 하늘 아래 모든 곳이 성지인데 별도로 성지를 정해서 순례할 필요가 없다는 것이었다. 자기가 거주하는 곳을 성지로 생각하고 매사에 충실하면 된다는 사고였다.

칭기즈칸은 하늘을 의미하는 '텡그리'Tengri이라는 수호신을 믿었다. 텡그리가 모든 신들 중에 최상의 신이라고 강조했다. 몽골 유목민들은 자기 나름대로 수호신을 믿었으며, 자기를 보호하는 수호신이 타인의 수호신보다 힘이 세다거나 우월하다고 주장하지 않았다.

칭기즈칸은 자기의 초상화를 그리지 못하도록 했으며, 자기의 수호신을 타민족에게 신봉하도록 강요하지 않았다. 그의 무덤은 아직도 찾지 못하고 있다. 그는 죽은 후 본인의 무덤이 성지나, 성소가 되는 것을 바라지 않았다.

몽골 유목민들은 죽으면 영혼이 말을 타고 하늘나라로 올라간다고 믿었다. 지상에서의 무덤은 별 의미가 없다. 몽골인들은 고대 이집트인들이 건설한 피라미드 같은 거대한 무덤이 없으며, 기독교들의 십자가와 이슬람의 코란과 같은 성스러운 물건들도 없다.

몽골인들은 이동하면서 생활하기 때문에 무덤이나 성소를 굳이 만들 필요가 없었으며, 사원이나 모스크가 없었다. 몽골인들에게 지상의 삶은 하늘나라로 가기 위해 잠시 머무는 경유지였다.

몽골인들은 종교적인 율법에 얽매이지 않고 자연의 섭리에 순종하면서 어느 누구보다도 자유로운 삶을 영위하였다. 몇 백 명씩 흩어져 초원에서 살아가는 몽골 유목민들을 종교적으로 통제하는 것 자체가 물리적으로 어려웠다.

한편, 몽골 제국은 초창기에 다양한 문화와 종교, 이민족들을 수용하였고 실력 있는 사람들을 등용하였으며, 몽골인 지상주의를 주장하지 않았다. 몽골 지배층을 구성하던 '색목인'은 '여러 종류의 사람들'을 의미하였으며, 위구르인, 탕쿠트인, 사라센인등 서양인을 총칭하였다.

그러나 몽골 제국 후기에는 종교적인 관용도 약해지고, 몽골인 지상주의로 나아가면서 몰락을 재촉하였다. 몽골제국의 균열은 종교적 갈등에서 시작되었다. 원나라 말기에 몽골 황실은 라마불교에 심취했으며, 몽골의 하늘숭배 신앙은 당시 기독교나 이슬람, 불교 신자들로부터 큰 지지를 받지 못했다.

칭기즈칸 사후 그 자식들은 각자 다른 종교를 선택했으며, 몽골제국의 칸들은 종교관이 서로 달랐다. 어떤 칸은 네스토리우스 Nestorianism(경교)를 믿었고, 종교의 손바닥론을 주장하기도 하였다. 불교가 손바닥이라면 기독교, 조르아스타교, 이슬람 등 여타 종교들은 손가락이라고 비유하였다. 불교가 모든 종교의 근원이라고 하면서 불교를 중심으로 여타 종교들이 공존할 것을 강조하였다.

칭기즈칸에게 정복당한 티베트에서는 죽은 칭기즈칸의 부활을 믿는 황교黃敎가 발달했다. 불교를 신봉하는 티베트 사람들은 죽은 자들의 환생을 믿었다. 칭기즈칸으로 다시 태어난 자를 지도자로 숭배하였다. 그의 환생이 종교에 수용되어 정치에 접목된 또 하나의 정교일치 형태였다.

몽골의 후손이며 티무르의 5대손인 바부르Babur(1483-1531)는 1526년 인도를 점령하고 무굴Mughul(1526-1857) 이슬람제국을 세웠다. 무굴은 페르시아어로 '몽골에서 온 사람'이라는 뜻이다.

16세기 무굴제국의 악바르Muhammad Akbar(1526-1857) 황제는 이슬람 교도였으나 인도의 힌두교 등 다른 종교에 대해 관용적이었다. 그는 몽골의 후예답게 종교의 자유와 공존을 도모하였다.

그는 모든 종교의 신도들이 동일한 하나의 문으로 출입하고 내부에서 각자의 신에게 기도하고 다시 같은 문으로 나오는 큰 사원의 건설을 꿈꾸었다. 모든 사람들은 자신의 신들에게 기도할 수 있으나 입장하고 퇴장하는 문을 동일해야 한다고 주장하였다. 종교와 정치는 구분되어야 하며, 역할과 기능이 서로 상이하다는 것을 강조하였다.

그는 세상이라는 건물에 너무 많은 종교가 난립하여 오히려 인간 사회를 분열시키는 것을 한탄하였다. 그는 '한 사람을 죽이는 것은 전 세계 모든 사람을 죽이는 것이다'라는 코란의 말을 인용하였다.

악바르 황제는 신앙의 자유와 종교적 관용을 실천하였다. 그는 인도인들의 통합을 위해 힌두교 출신의 여성과 결혼을 했고 비이슬람 교도들에게 부과했던 인두세와 성지 순례세를 폐지하는 등 민족융합을 추구하였다.

한편, 12세기 이슬람 세계를 통합하여 영웅으로 칭송 받았던 살라딘Saladin(1138-1193) 왕은 어느 날 현자에게 십자군 전쟁으로 서로 첨예하게 대립하고 있는 기독교, 이슬람, 유대교 간의 해결 방안에 대해 문의하였다.

현자는 이들 3개 종교는 서로 분리될 수 없으며, 결국 서로를 인정하는 관용이 해답이라고 대답하였다. 이슬람 신자인 살라딘 왕은 이에 동의하고 이슬람교도들과 동일하게 가난한 기독교도들에게도 물질적인 도움을 베풀었다.

종파를 초월한 박애주의의 실천으로 살라딘 왕은 오늘날도 존경을 받고 있다.

04 티무르의 이슬람 제국

1. 중앙아시아를 지배하다

1587년 영국의 작가 말로C.Malowe는 티무르Temur(1336-1405)를 소재로 '탬벌레인Tamburlaine'이라는 희곡을 공연하였다. 14세기 티무르가 페르시아 제국과 오스만터키를 정복하고 자신이 신보다 위대하다고 외치며 코란을 불태웠는데 오히려 그것이 저주가 되어 다음 해에 사망하였다는 내용이다.

몽골계 귀족의 후예인 티무르는 1336년 4월 오늘날 우즈베키스탄 사마르칸트 인근에 탄생하였다. 티무르는 페르시아어로 '절름발이'라는 의미이며, 유럽에서는 'Tamerlane'이라고 불렀다. 티무르는 영어로 'Temur'는 즉 '철'이라는 뜻으로 강하다는 의미였다.

티무르는 오른발을 저는 절름발이였다. 그는 소년시절 전투에서 오른쪽 무릎에 화살을 맞아 절게 되었다고 하면서 대신 팔이 강해 이란, 인도 등 여러 나라를 정복하였다고 자랑하였다.

그는 장애인이었지만 오히려 신체적인 단점을 극복하고 출중한 전략으로 이란, 인도, 중앙아시아를 60년 만에 평정하고 이슬람 제국(1370-1507)을 건설하였다.

티무르는 정의正義가 지배하는 '평화의 집'이라는 이슬람제국Dar as Salam, House of Peace을 꿈꾸었다. 그는 '정의에 힘justice in strength'이 있다고 하면서 국민과 군인들의 정직과 충성심이 국가를 강하게 만든다고 강조하였다.

티무르

특히 그는 '약속을 어기면 생명을 잃는다'He who breaks his word shall lose his life고 강조하면서 자신에게 충성 맹세를 위반한 금장칸국Golden Horde(혹은 킵차크 칸국, 1240-1502)의 토타미쉬Tokhtamish 칸과 6년간 전쟁 끝에 1406년 승리하였다.

그는 고대 세계를 정복한 지배자처럼 군사력의 중요성을 강조했으며, 군인계급을 가장 우대하였다. 군인 다음으로 학자, 성직자가 대우를 받았다.

한편, 티무르의 등장은 세계사에 변혁을 초래하였다. 우선 유럽과 비잔틴 제국이 오스만터키(1299-1922)의 침공으로부터 당분간 자유롭게 되었다. 14세기 중엽부터 중세 유럽은 흑사병의 유행으로 인구 3분의 1이 사망하였으며 영불 간 100년 전쟁(1337-1453)으로 어려운 시기였다. 게다가 이슬람을 신봉하는 오스만터키가 발흥하여 기독교를 신봉하는 비잔틴 제국을 위협하고 있었다. 당시 비잔틴 제국(395-1453)은 오스만터키의 유럽 진출을 막아주는 방파제 역할을 하고 있었다. 마침 티무르가 오스만터키를 1402년 격퇴하자 일단 유럽의 기독교 세계는 오스만터키의 위협에서 벗어나게 되었다. 당시 최대 강국인 티무르 제국이 승전의 여세를 몰아 유럽을 공격할 경우 유럽은 방어하기 어려운 실정이었다.

티무르의 등장은 동서양을 연결하던 유라시아 비단길이 파괴되어 바닷길이 열리게 되는 계기가 되었다. 티무르는 정복 전쟁을 통해 상대국이 재기하지 못하도록 철저히 약탈하였으며, 경제적 기반을 파괴하였다. 아랍, 이란, 인도, 러시아 남부를 이어주는 비단길은 티무르의 수십 년간 원정으로 파괴되어 초원의 육상무역이 제 기능을 발휘하지 못했다.

15세기 오스만터키가 기독교의 비잔틴 제국을 정복하면서 지중해와 육상무역을 독점하자 유럽의 이태리, 포르투갈, 스페인들은 유럽인들이 선호하는 차와 향료를 수입하기 위해 바닷길을 개발하게 되었다.

유럽, 아프리카, 신대륙과 인도, 중국을 연결하는 바닷길이 비단길을 대체하게 되자 자연히 세계 교역의 주도권은 아시아에서 유럽으로 넘어갔다. 유라시아 대륙과 초원에서 발달한 내륙 도시들은 쇠퇴하고 대신 해안가의 항구들이 유럽과의 무역을 통해 발달하기 시작하였다.

티무르 이후에 중앙아시아는 유럽과의 접촉에서 격리되어 근대적인 국가로 발전이 늦었고 결국 19세기말 러시아에 패망하였다. 총과 대포 등 당시 첨단 무기로 무장한 러시아는 근대화에 뒤진 우즈베키스탄 등 중앙아시아를 쉽게 정복하였다.

한편, 1941년 독일과 전쟁을 앞두고 소련 스탈린J. V. Stalin(1879-1953)은 티무르의 우수한 군사전략을 연구하기 위해 티무르의 무덤을

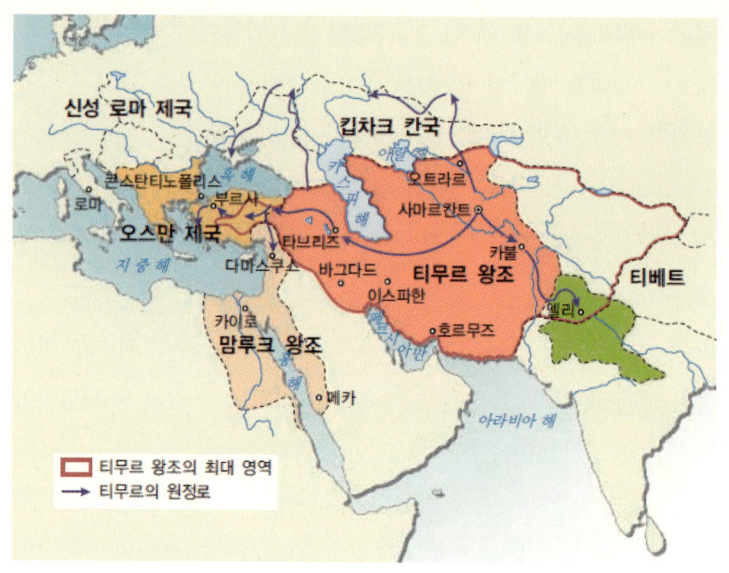

티무르 제국의 영토

발굴하도록 지시하였다. 1941년 구소련이 우즈베키스탄을 지배하던 시대에 소련 학자들이 사마르칸트에서 티무르 무덤을 발견하고 티무르가 절름발이였다는 사실을 확인하였다.

그러나 전설에 의하면 티무르의 무덤을 열면 그 나라에 재앙이 닥친다는 것이었다. 공교롭게도 그의 무덤이 개봉된 후 사흘 만에 독일 히틀러가 소련을 침공하였다.

구소련은 우즈베키스탄의 민족주의 부흥을 방지하기 위해 이슬람의 심장이라고 불리었던 부하라Bukhara의 모스크들을 폐쇄하는 등 이슬람을 탄압하였고, 티무르 연구 서적을 불태웠다. 1990년 초 구소련이 해체되고 우즈베키스탄이 독립을 하자 우즈베키스탄 정부는 역사 회복과 독립심 고취를 위해 티무르 동상을 건립하고 서적을 출판하는 등 티무르를 위대한 민족의 영웅으로 복원시켰다.

우즈베키스탄 정부는 이슬람의 부흥을 위해 세계에서 가장 오래된 오스만Othman 코란을 다시 찾았다. 14세기 티무르는 여러 곳을 정복하면서 이슬람의 창시자 무함마드Mohammed 사위인 오스만Othman이 646년 집필한 코란을 입수하였다. 약 1300년 된 양피지로 된 오스만 코란은 사마르칸트에 보관되어 있다가 1868년 우즈베키스탄을 점령한 러시아가 탈취해 갔다.

그 이후 이슬람인들의 지속적인 요청으로 1989년 구소련은 오스만 코란을 우즈베키스탄에 돌려주었다.

2. 성전聖戰으로 승리하다

14세기 티무르는 이슬람이 번창한 시대에 살았다. 이슬람 사회에서 지도자는 이슬람을 보호하고 이교도를 징벌하는 신의 그림자였다. 티무르는 이슬람의 종교적인 열정을 몽골식 군사 전략에 접목한 천재적인 전략가였다. 티무르는 이교도 정복 전쟁, 즉 성전을 주창하면서 14세기에 중앙아시아, 페르시아, 인도, 아랍, 러시아 남부 지역을 정복하여 이슬람 제국을 건설하였다.

칭기즈칸은 혈연을 강조하여 자기 가족을 황금가족이라고 주장하였다. 그의 사후에는 칭기즈칸의 혈족만이 칸khan이라는 칭호를 사용할 수 있었다. 15세기 몽골제국의 멸망 이후 중앙아시아와 몽골 지도자들은 칭기즈칸의 후광을 통해 지배의 정통성을 주장하기 위해 그의 후손들과 혼인을 열망하였다.

우선 티무르는 칭기즈칸 후손과 결혼하였으며, 그의 혈통을 앞세워 여러 유목 부족들을 지배하였다. 칭기즈칸은 샤머니즘의 성격이 강한 '텡그리'라는 하늘을 수호신으로 믿었다. 그러나 티무르는 보다 고차원적인 이슬람이라는 종교를 통해 성전을 주장하면서 병사들의 사기를 진작시켰다.

그는 이슬람 성전으로 죽은 병사는 죽은 것이 아니며 천국에서 영원히 산다고 주장하였다. 그는 이슬람의 적에 대해 전쟁을 수행하는 것이 고귀한 종교적인 행위라고 하면서 알라를 위해 싸우다가 죽은 자는 사망한 것이 아니며, 살아 있다고 강조하였다.

티무르는 항상 '알라'가 자기를 지켜주고 있다고 믿었으며, 전쟁에서 승리를 통해 이슬람을 전파하고 알라의 영광을 재현코자 하였다.

티무르는 이교도를 죽이는 것은 선행을 쌓는 것이라고 강조하면서 전쟁의 정당성을 강조하였다. 그는 당시 이슬람을 신봉하는 아랍인들과 페르시아 교도들을 이단이라고 규정하고 정복하였다. 소위 이슬람 간의 십자군 전쟁이었다.

티무르는 전쟁을 시작하기 전에 항상 이슬람의 신인 알라에게 승리를 기원하였다. 티무르 군사들은 '알라는 위대하다'Allahu Akbar라고 크게 외치면서 적을 공격하였다. 티무르는 상대방은 이교도들이며 율법을 위반한 죄인이라고 하면서 알라의 이름으로 처벌한다고 주장하였다. 몽골의 칭기즈칸이 이슬람, 기독교, 불교 등 여러 종교에 관용적이었다면 티무르는 이슬람 외의 종교를 허용하지 않았으며, 모든 전쟁을 이슬람을 위한 성전으로 정당화하였다.

3. 전략에 승부를 걸다

티무르는 전쟁에서 패한 적인 없는 전략가이며 명장이었다. 시기와 장소에 따라 창의적인 전략을 구사하여 대승하였다. 티무르에게는 전쟁은 노예와 노획물을 확보하는 등 이윤을 창출하는 주요한 국가적인 사업이었다. 역설적으로 전쟁으로 얻을 것이 없는 가난한 나라는 정복의 대상에서 제외되었다. 도둑은 가난한 집을 털지 않는다.

티무르가 현재 터키의 앙카라 전투에서 14세기 최대 강국이었던 오스만터키에 승리하고 이어서 유럽으로 진격하지 않은 이유가 당시 유럽은 가난해서 얻을 것이 없었기 때문이라고 한다. 그러나 기독교 유럽인들은 신의 은총으로 유럽이 티무르의 공격을 받지 않았다고 해석하였다.

우선 그는 몽골제국의 군사조직을 답습하여 십진법으로 군대를 편성하였다. 10명의 병사들을 지휘하는 장교를 온리크onlik, 100명은 유즈릭yuzlik, 1,000명은 빈리크binlik, 10,000명의 병사들은 아미르amir가 각각 지휘하였다. 아미르는 서열상 티무르 바로 아래에 위치한 투만tuman이라고 불리는 장군들을 지칭하는 칭호였다.

티무르는 지방에서 영향력을 행사해온 부족들을 해체하고 십진법의 군대 편성을 통해 부족들을 새롭게 통합하고 중앙집권적인 통치체제를 구축하였다. 유목민들과 병사들은 자기가 속한 부족보다는 티무르에게 충성하게 되었다.

중국이나 인도 등 주변의 농경 정착민들보다 훨씬 적은 인구를 가진 티무르로서는 전투에 승리하기 위해서는 무엇보다도 강한 단합과 일사불란一絲不亂 한 지휘체계가 중요하였다. '뭉치면 살고 흩어지면 죽는다'는 말이 유목민들에게 해당되는 명언이었다.

티무르는 혈통보다는 실적에 입각하여 전투에서 큰 공적을 세운 병사들을 승진시켰다. 병사들이 최고로 승진할 수 있는 자리는 타르칸tarkhan이었다. 타르칸에게는 많은 특권이 부여되었다. 우선 세금이 면제되었으며, 범죄를 저질러도 소추되지 않았다. 그리고 타르칸은 전쟁을 통해 획득한 약탈물은 자기 소유였으며, 티무르에게 진상할 필요가 없었다.

티무르는 전쟁의 전승품을 부하들에게 공훈에 따라 공평하게 분배하였다. 약탈물의 공정한 분배가 병사들의 사기를 높였고 전쟁에서 승리를 보장하였다. 그리고 티무르는 전쟁에서 사망한 유가족들을 평생 동안 보살폈다. 티무르 제국 시대에 전쟁에 참전한 군인들은 최고의 대우를 받았으며, 군인들의 유가족들에게 생계가 보장되었다.

티무르는 여자들도 남자와 같이 전쟁터에 참전하게 하였다. 여성들은 몇 년간 지속되는 외국 원정에 참가하였으며, 전쟁 중에 병사들과 결혼하여 아이도 낳아 키웠다.

티무르는 여성들을 잘 이용하였다. 어느 전투에서 여성들을 무장 군인으로 위장시켜 배치해 놓아 상대방을 속이고, 대신 남성 군인들을 하룻밤 사이에 다른 곳으로 이동시켜 상대국을 공격하여 전투에서 승리하기도 하였다.

티무르는 몽골 제국처럼 정복한 지역에 역참 제도를 설치하여 적국의 내정과 병력의 이동을 항상 파악하였다.

역참에는 약 200마리의 말들이 항상 준비되어 24시간 이용할 수 있게 하였다. 사신을 외국에 파견하거나, 외국 사절이 방문할 때 이들 말들을 무료로 이용하게 하였다. 티무르는 무역과 정보, 그리고 통신의 중요성을 잘 알고 있었다.

또한 티무르는 활의 사거리를 배가시켰다. 당시 활은 세계 최강의 병기였다. 티무르 병사들은 구리로 된 조그만 링을 손가락에 끼워 활을 쉽게 최대한 끌어당겨 사정거리를 높이고 화살의 속도를 빠르게 하여 살상력을 높였다.

티무르가 사용한 우수한 무기로는 활 이외에 화포가 있다. 7세기 그리스에서 발명된 화포의 제조법은 비잔틴 제국을 통해 티무르에게 비밀리에 전승되었다. 당시 화포 위력은 대단했다. 유황, 나프탄 등으로 제작된 화약은 물로도 쉽게 꺼지지 않았고 그 폭발은 적국에게 공포의 대상이었다.

그리고 티무르는 칭기즈칸처럼 좌익, 우익, 중앙으로 전투 대형을 형성하여 적을 공격하였다. 좌익과 우익의 사령관은 자기의 아들이나 친족들이 맡았다.

사령관의 자리는 티무르에게 충성심이 요구되는 요직으로서 타인에게 줄 수 없었다. 군사통제권을 장악한 장군들이 몰래 반란을 일으켜 정권을 장악하고 스스로 군주가 되는 경우가 동서고금에 많았다.

티무르는 전투에서 사망한 병사들을 간단히 확인하였다. 수만 명의 병사들이 동원된 큰 전투에서 사망자를 정확히 빨리 확인하는 것은 주요한 일이었다.

티무르는 병사들이 전투에 참가하는 길목에 조그만 한 돌을 하나씩 던져 쌓아 놓도록 하였다. 전투가 끝난 후 살아서 돌아오는 병사들이 조약돌을 하나씩 다시 던지도록 하였다. 전투 전과 전투 후의 조약돌 무덤의 크기를 비교해 보고 대강 병사들의 사망 숫자를 알 수가 있었다고 한다.

4. 인도를 점령하다

티무르는 기발한 전술과 전략을 개발하여 인도를 정복하였다. 그는 1398-99년간 1년 동안 중앙아시아에서 높은 힌두쿠시 산맥과 고산준봉을 넘어 인도를 점령하였다.

1398년 12월 티무르가 인도의 델리Delhi 전투에서 인도군의 코끼리 부대에 승리한 것은 명장면이었다. 그는 코끼리 부대와의 전투는 처음이었다. 그는 병사들에게 참호를 깊이 파고, 참호 앞에 물소들의 목을 서로 묶어 배치토록 하였다. 그리고 마른풀을 가득 실은 낙타들을 서로 밧줄로 묶어 대기시켜 놓았다. 코끼리가 다닐 수 있는 길에는 철로 된 삼지창 모양의 마름쇠를 만들어 땅위에 설치하였다. 오늘날 지뢰이다.

실제 전투가 시작되었고 인도군은 코끼리 군대를 앞세워 티무르 진영을 공격하였다. 티무르는 병사들에게 낙타 위에 적재한 마른 풀과 나무를 땅으로 버리게 하고 불화살을 발사하도록 지시했다. 마른 풀에 불이 붙자 낙타는 괴성을 지르면서 서로 목들이 묶여 단체로 날뛰었고 이에 놀란 코끼리는 사방으로 달아났다.

코끼리 일부는 오히려 뒤에 따라오는 인도 병사쪽으로 후퇴하여 인도군은 공황에 빠졌다. 이 기회를 틈타 티무르는 진격하였으며 대승하였다. 티무르의 기발한 전술이 인도를 정복하는 데 결정적으로 기여하였다. 일부 코끼리는 인도에서 전승품으로 사마르칸트로 이송되었으며, 후에 티무르의 코끼리 부대는 오스만터키와 1402년 7월 앙카라 전투에서 대단한 위력을 발휘하였다.

세계 정복에는 항상 큰 전투가 있다. 큰 전투에서 대승함으로써 정복자가 결정된다. 기원전 331년 마케도니아 알렉산더 대왕 Alexander the Great(기원전 356-323)은 티그리스강의 가우가멜라(오늘날 이라크 모슬) 전투에서 이집트, 소아시아, 인도, 중앙아시아를 지배하던 페르시아 제국을 격퇴하였다.

당시 페르시아 제국 군대는 20만 명으로 알렉산더 대왕의 군대보다 5배나 많았다. 우선 알렉산더 대왕은 3-7m로 무장한 밀집 보병대로 적의 기병대를 막아 내면서 적 진영을 좌, 우익 양쪽에서 공격하여 적의 주력부대를 분산시켰다.

그리고 그는 적군이 혼란에 빠지자 그 틈을 이용해 최정예 기병대를 신속하게 투입하여 페르시아 제국의 다리우스 3세 황제(기원전 380-330) 목숨을 노렸다. 다리우스 황제는 도주하였으며, 결국 피살되었다. 당시 24세였던 알렉산더 대왕은 획기적인 작전으로 대승하였다.

알렉산더 대왕의 전술은 몽골 기마군단의 전술과 유사점이 많다. 알렉산더 대왕도 페르시아 군대와 전투에서 적의 전투 대형을 크게 늘려 전투력을 분산시킨 후 적의 핵심부를 신속하게 강타하여 승리하였다.

주요 전투에서는 병력의 규모보다는 지휘자의 명석한 판단과 전략이 승패를 갈랐다. 대제국을 건설하는 데 수십 년이 소요되지만 수백 년의 역사를 자랑하던 제국도 망하는 데는 하루가 안 걸린다.

5. 오스만터키를 격퇴하다

제국을 건설하고 경영하는 2개의 큰 축이 군사력과 외교이다. 군사력과 외교의 적절한 조합이 전략이다. 독일의 유명한 클라우제비츠Carl von Clausewitz(1780-1831) 전략가는 '전략이란 군사적 외교적인 방법으로 시간과 공간을 이용하는 기예'Strategy is the art of using time and space in a military and diplomatic manner라고 정의하였다.

소위 세계라는 거대한 무대에서 전략을 세우고 역사를 이끌어가는 주인공은 군인과 외교관이었다. 평화시에는 국가들이 외교를 통해 여러 나라들과 우호관계를 유지하고 전쟁에 대비해서 동맹을 맺는다.

그러나 국가 간의 갈등이 외교적으로 해결이 안되면 전쟁으로 승부가 결정된다. 평상시에는 외교가 중요하지만 결국 마지막 수단이 전쟁인 만큼 국가들은 항상 군사력을 유지하고 주변 국가들의 군사력과 동태에 유의한다.

군사력은 국민들의 지지와 경제력이 뒷받침되어야 한다. 외교도 강한 군사력을 바탕으로 효력을 발생한다. 군사력은 국가 간의 조약 이행을 요구하는 담보물이며, 군사력이 없는 조약이나 협정은 종잇조각에 불과하다. 칭기즈칸은 군사력이 뒷받침되지 않는 조약은 '혀로서 말가죽을 벗기는 것'과 같이 무용지물이라고 지적하였다.

외교를 잘 이용하면 인접국과 동맹을 맺어 수만 명이 희생되는 전쟁을 피할 수가 있고 전쟁을 하더라도 승리할 수가 있다. 외교는 최소한 비용으로 최대의 효과를 거둘 수가 있다. 전쟁을 하기 전에 대부분 국가들은 사신을 적국에게 파견하여 협상안을 제안하기도 하고, 적국의 동정을 파악하기도 한다.

티무르는 뛰어난 전략가로서 외교를 잘 활용하였다. 티무르는 인접 국가를 목표로 전쟁을 할 때 미리 사신을 파견하여 최소한 인접국들이 적국들과 동맹을 맺지 못하도록 하였다. 적국을 사전에 고립시킨 다음 공격하여 대승하였다.

적국의 적은 친구이며, 인접국을 동맹국으로 확보하면 적국의 병사들은 사기가 떨어진다. 그리고 아군은 전선 후방에서 공격을 당할 염려가 없다.

티무르는 전쟁을 시작하기 전에 적국에 사신을 파견하여 먼저 항복을 권고했다. 적국은 당연히 항복에 반대했으며, 티무르가 보낸 사신을 죽이기도 했다. 티무르는 적국이 항복에 반대했다는 명목으로 전쟁을 선포하고, 사신이 살해되었다는 사실을 유포하여 군사들에게 적국에 대한 분노를 조성하였다.

14세기 유라시아를 지배했던 주요 세력들은 기독교의 유럽, 이슬람의 오스만터키, 우즈베키스탄의 티무르(1336-1405), 중국의 명나라(1368-1644) 등이었다. 오스만터키는 흑해를 장악하고 다뉴브강까지 진출하여 유럽과 비잔틴 제국에게 최대 위험한 세력이었다.

당시 오스만터키 제국의 술탄은 바야지드Bayezid(1389-1402)였으며, 그는 많은 전투에서 승리하여 '천둥Thunderbolt'이라고 불리었다. 그는 기독교 세력의 전초 기지인 비잔틴 제국 수도인 콘스탄티노플Constantinople을 여러 번 포위하였으나 실패하였다.

당시 유럽은 흑사병으로 인구의 30%가 사망하여 농촌이 피폐했으며, 영국과 프랑스 간 100년 전쟁(1337-1453)으로 쇠퇴하여 이슬람 세력에 적극 대항하지 못하고 있었다. 유럽의 기독교 동맹군들은 1396년 중부 유럽의 다뉴브 강변에서 바야지드 군사와 싸웠으나, 결국 패했다. 이에 유럽측은 당시 승승장구하던 티무르와 손을 잡고 오스만터키를 견제코자 하였다. 티무르가 오스만터키를 정복한다면 유럽이 구제될 수가 있었다.

유럽측은 외교력을 총동원하여 티무르와 연합하고자 하였다. 유럽측은 티무르가 아랍반도의 오스만터키를 공격하면 유럽에 주둔하는 오스만터키 군대들이 아랍반도로 이동 못하도록 조치를 취하겠다고 약속하였다.

한편, 유럽은 비밀리에 오스만터키에도 접근하여 티무르와 전쟁시 오스만터키를 지원하겠다고 공약도 하였다. 유럽은 오스만터키와 티무르 간 이이제이 정책으로 어부지리를 차지하고자 하였다. 유럽, 오스만터키, 티무르 간 삼각관계가 살얼음판처럼 균형이 불안정하게 유지되었다.

문제는 티무르의 선택에 달려 있었다. 티무르가 만약 오스만터키와 협상한 후 동쪽의 명나라를 공격한다면 유럽은 오스만터키의 공격에서 벗어나기 어려웠다.

결국 티무르는 오스만터키를 공격하였으며 승리하자 기독교를 신봉하던 비잔틴 제국은 35년간 수명을 연장하였다. 당시 오스만 터키는 아랍세계에서 최대 강국이었고 티무르는 전투에서 패한 적이 없는 명장으로서 패전국에 대한 무자비한 약탈로 주변 국가들에게 공포의 대상이었다.

당시 오스만터키의 바야지드 술탄은 아랍반도, 지중해와 유럽의 발칸반도를 장악하여 절정기를 구가하고 있었다. 오스만터키와 티무르는 서로 외교전을 통해 기선을 잡으려고 하였다. 둘 다 이슬람을 대변하는 강국으로서 정통 이슬람을 표방하면서 주변 이슬람 부족이나 기독교 세력들을 자기편으로 만들기에 노력하였다.

1396년 바야지드 술탄은 12만 명의 군사를 동원하여 오늘날 터키의 수도인 앙카라 지역을 출발하였다. 티무르도 8만 명의 군사를 이끌고 사마르칸트를 떠났다. 티무르는 자국 영토 내에서 전쟁이 발발하면 피해가 크고 불리하다고 판단하고 오스만터키 영토에서 전투 장소와 시기를 선정하였다. 그는 전투장소로 오스만터키의 심장부인 앙카라를 선정했고, 군량미 확보를 위해 농산물이 풍부한 터키 농촌 지역으로 이동하면서 앙카라로 신속하게 진격하였다.

그는 항상 공격적인 전투를 선호했으며, 방어적인 전투를 생각하지 않았다. 티무르는 추격하는 바야지드 술탄 군대를 속이고 앙카라에 먼저 도착하여 수로와 높은 곳을 장악하였다.

마침내 바야지드 술탄은 며칠 후에 앙카라에 도착하였으며, 급한 행군으로 병사들은 많이 지쳐 있었다. 오스만터키 군사들은 티무르가 장악하고 있는 수로에 접근하지 못해 전투를 하기 전에 이미 수천 명이 마실 물이 부족하여 사망하였다. 터키 군사들의 사기는 저하되었고 반면 티무르 군사들은 사기가 충천하여 공격의 시기를 기다리고 있었다.

1402년 7월 앙카라에서 티무르와 오스만터키 군사 간에 전투가 발발하였으며, 바야지드 술탄은 생포되고 티무르의 승리로 끝났다. 티무르는 인도원정에서 가져온 코끼리 부대를 잘 운용하여 오스만터키군을 격파하였다.

특히 티무르는 몇 달 전부터 오스만터키군에 편입된 타타르 유목부족들을 접촉하여 전투시 이탈하도록 설득하였다. 이탈할 경우 보상을 약속하였다.

이들 타타르 유목 부족들은 티무르와 오스만터키 간 전투 중에 갑자기 오스만터키군의 진영에서 이탈하였다. 이 기회를 틈타 티무르군은 진격하여 승기를 잡았다.

당시 최대 강국이었던 오스만터키에 대한 티무르의 승리 배경에는 유목민들의 관습을 이용한 뛰어난 외교술이 있었다. 대부분 유목 부족들은 이념보다는 이익에 따라 움직인다. 티무르는 유목 부족들의 속성을 파악하고 사전에 교섭하여 자기편으로 만들었다.

8세기 중국 당나라의 고구려 유민 고선지 장군도 아랍의 압바스 왕조 군대들과의 중앙아시아 탈라스 전투에서 패한 이유가 전투 중에 당나라 편에 있던 유목 부족의 군사들이 갑작이 이탈한 데 기인하였다.

한편 티무르가 1402년 오스만터키를 격파하고 최고 강자로 부상하자 비잔틴 제국과 유럽 국가들은 티무르와 좋은 관계를 맺고자 하였다. 영국 헨리 4세Henry IV(1366-1413)와 프랑스 샤를 6세Charles VI

(1368-1422)는 티무르에게 오스만터키에 대한 승전을 축하하였다. 당시 유럽에서는 티무르가 오스만터키의 정복에 이어 바로 유럽으로 진격하기 위해 흑해에서 군사용 선박들을 징발하고 있다는 소문이 나돌고 있었다.

유럽 국가들의 주요 목적은 앞으로 패전한 오스만 터키의 재기를 방지하고 외교적으로 티무르의 유럽 공격을 억제하는 것이었다. 유럽 국가들은 그간 티무르를 아시아의 미개한 군주로 알고 무시하였으나, 티무르가 오스만터키에 승리하자 티무르와 그의 제국에 대해 상세히 알고 싶어 했다.

우선 이베리아 반도에서 이슬람과 전쟁 중이었던 가톨릭의 스페인이 티무르와 협력을 희망하였다. 스페인 카스티아Castilie(1230-1715) 왕국의 헨리 3세Henry(1379-1406)는 클라비조Ruy Gonzalez de Clavijo(?-1414)를 외교 사절로 1403-1405년간 티무르에 파견하였다. 그는 스페인을 출발하여 지중해, 이란을 거쳐 1년 만에 1404년 9월 사마르칸트에 도착하였으며 10월-11월 동안 티무르가 야외에서 주최한 연회에 참석하여 우호관계를 다졌다.

티무르는 당분간 오스만터키 제국의 경영에 집중해야 했으며, 유럽 국가들과 평화를 희망하였다. 티무르는 바야지드에 의해 추방된 지방 영주들을 다시 복원시키고, 오스만터키를 여러 지역으로 나누어 분할 통치하였다.

비잔틴 제국,이태리 도시국가들, 이집트, 시리아 술탄들은 티무르에게 조공을 바치는 등 복종을 맹세하였다. 이들 국가들은 무엇보다도 티무르 제국과 통상관계를 복원하여 그간 오스만터키가 주도권을 장악했던 지중해에서 무역과 통상을 선점코자 하였다.

비잔틴 제국이 지배하고 있던 보스포러스Bosporus(지중해와 흑해를 이어주는 터키 해협으로 길이는 30km) 해협에는 티무르 제국의 승전기가 게양되었고, 많은 오스만터키 상인들은 티무르의 보복을 우려하여 이태리 도시국가로 피신하기도 하였다.

6. 독감으로 사망하다

티무르는 오스만터키를 격퇴하자 마침내 1403년 동쪽에 위치한 중국 명나라 정복을 추진하였다. 그는 남쪽으로 인도, 서쪽으로 오스만터키, 북쪽으로 러시아의 킵차크 칸국(1237-1502)을 정복하였으며, 최고의 전성기를 구가하고 있었다.

티무르는 그간 형식적으로 유지해온 중국 명나라와 조공관계를 청산코자 하였다. 명나라는 수차례 사신을 파견하여 티무르에게 조공을 받칠 것을 요구하였으나 티무르는 이를 거절하였다. 1398년 명나라 사신이 사마르칸트에 도착하여 티무르에게 조공을 재차 독촉하자 티무르는 명나라와 전쟁 결심을 더욱 굳혔다.

그는 무엇보다도 칭기즈칸처럼 유라시아를 지배한 대정복자가 되고자 하였으며, 몽골제국의 원나라가 지배했던 중국 대륙을 정복코자 하였다. 티무르는 이미 몽골제국이 13-14세기 지배했던 중앙아시아, 인도, 이란, 러시아를 정복했으며, 정복하지 못한 몽골제국의 마지막 영토가 중국대륙과 몽골이었다. 또한 그는 이슬람을 탄압하는 명나라를 징벌하고 명나라의 엄청난 부를 약탈코자 하였다. 티무르가 정복한 국가 대부분은 이슬람 국가였으나, 명나라는 이슬람 국가가 아니었다. 이교도 국가인 명나라를 정복하여 수천만 명의 중국인을 이슬람으로 개종시키는 것은 60대 후반에 접어든 티무르에게 중요한 마지막 과업이었다.

그는 명나라가 강대국인 만큼 1396년부터 정복을 철저히 준비하였다. 우선 수천 킬로미터 떨어진 명나라 침략을 위한 선발대를 알마티와 천산지역 등 중국 국경선 지역으로 파견하여 현지의 사정과 지도를 상세히 작성 하도록 지시하였다.

또한 그는 모든 국민들에게 상업을 금지시키고 충분한 군사 보급품을 확보할 수 있도록 가축 사육과 농사에 전념하도록 지시하였다. 티무르는 1402년 7월 앙카라 전투에서 오스만터키를 격퇴한 후 귀국하자마자 명나라와 전쟁 시기를 노리고 있었다.

1398년 명나라 태조 주원장(1328-1398)이 사망하자 왕위의 계승을 놓고 왕족 간에 내분(정난의 변, 靖難之變)이 발생하였다. 티무르는 이 같은 내분을 이용하여 3천 마일(4,828km) 떨어진 명나라 정복을 위해 1404년 12월 겨울에 20만 명의 대군을 이끌고 사마르칸트를 떠났다. 병사 1명당 우유를 제공하는 2마리의 소와 10마리의 염소가 배당되었다.

우즈베키스탄의 사마르칸트는 겨울에 영상 1-2도이지만 카자흐스탄 초원의 1월 달은 평균 영하 30-40도이며 종종 불어오는 강한 눈바람은 사람이 날아갈 정도로 강하다. 티무르는 명나라를 정복하는 여로에서 심한 추위와 독감으로 1405년 1월 오트라르Otrar(현재 카자흐스탄 위치)에서 69세에 사망하였다.

그는 병상에서 장군들에게 그의 사후에도 수많은 승전을 통해

티무르의 영묘(우즈베키스탄 사마르칸트)

이룩한 업적들이 사라지지 않도록 서로 단합하고 헌신할 것을 당부하였다. 그는 거대한 제국을 오랫동안 통치하기 위해서는 국민들의 사정에 대해 잘 알고 있어야 하며, 항상 경계심을 갖고 손에 칼을 쥐고 있어야 한다고 강조하였다. 그는 임종 시에 유명한 코란의 한 구절인 '신은 없으며 오직 알라만 있다'There is no god but God, La ilaha illa' llahn고 외쳤다고 한다.

진정한 군인은 마지막 전투에서 마지막 한 사람으로 죽는다고 한다. 티무르는 불구자의 몸으로 이슬람 제국을 건설하기 위해 전쟁터에서 일생을 보냈다. 그는 진정한 군인으로서 이슬람의 칼 이었다.

한편, 15세기 초 유럽은 유라시아의 정복자로 부상한 티무르의 향방에 대해 많은 관심을 가지고 있었다. 스페인 귀족 클라비조Ruy Gonzalez de Clavijo는 스페인 카스틸 왕국Crown of Castile(1230-1715)의 사신으로 사마르칸트에 도착하여 1404년 10월 티무르를 만났다. 그의 목적은 기독교를 신봉하는 유럽과 티무르의 이슬람 제국 간에 전쟁을 방지하고 우호적인 관계를 유지하는 것이었다.

마침내 티무르는 유럽이 아닌 명나라를 공격하는 도중에 1405년 사망하였으며, 1402년 티무르에게 패한 오스만터키는 반세기만에 다시 재기하여 1453년 유럽 대륙의 관문인 비잔틴 제국을 정복하였다. 티무르의 갑작스러운 사망으로 오스만터키가 이슬람 세계의 맹주로 다시 부상하였다.

7. 동방의 진주, 사마르칸트

사마르칸트Samakant는 터키어로 '부유한 땅'이라는 의미한다. 사마르칸트는 14세기 약 15만 명이 거주하였으며, '동방의 진주'Pearl of the East라고 불릴 정도로 아름다웠다고 한다. 지구가 태양을 향할 때 지구에서 가장 아름다운 얼굴이 사마르칸트였다고 묘사되기도 하였다.

티무르 제국의 수도였던 사마르칸트는 여름이 길고 40도를 오르내리는 열사의 초원 지역이다. 한 여름에는 햇빛이 강해 하얗게 빛나는 하늘을 배경으로 높이 서 있는 파란 돔dom은 사막 가운데 파란 초원과 물이 솟아나는 오아시스를 연상케 한다.

티무르는 고향인 사마르칸트Samakant를 중앙아시아에서 이슬람의 성지로 만들고자 하였다. 사마르칸트에 웅장하고 아름다운 파란 돔의 모스크를 건립하여 이슬람과 알라의 영광을 재현코자 하였다. 아름다운 모스크는 알라에 대한 티무르의 헌사獻辭였다. 하늘의 색깔을 담은 푸른 궁전은 천국을 의미하였으며, 마음을 편안하게 한다.

한편, 화려한 모스크를 건립하는 데에는 페르시아 화가, 인도의 석공, 시리아의 유리 기술자 등 당시 아랍과 인도로부터 삽혀온 최고의 건축 기술자와 수만 명의 전쟁 포로들이 동원되었다. 모스크는 고대 이집트의 거대한 피라미드처럼 노예들의 피눈물과 땀의 산물이다.

칭기즈칸이 아랍과 중앙아시아를 정복하면서 모든 것을 파괴하였다면 티무르는 사마르칸트와 부하라에 화려한 이슬람 모스크를 많이 건립하였다. 그는 화려하고 웅장한 건축을 통해 자신의 업적과 정복의 위대성을 증명하고자 하였다. 티무르 자신은 물론 자신의 친척, 그리고 전투에서 큰 공을 세운 아미르Amir 이상의 장군들은 사마르칸의 샤흐진다Shah-i-Zinda('살아 있는 왕'이라는 의미) 모스크에 매장되었다. 모스크 내 무덤에는 당시의 이슬람 인생관을 알려주는 문구가 새겨져 있다.

> The tomb is a door which every one must enter.
> Hurry with prayer before burial, and hurry with repentance before death.
> Those who were killed on the way of Allah are not to be considered dead. Indeed they are very much alive.
> 무덤은 모든 사람들이 들어가야 하는 문이다.
> 묻히기 전에 빨리 기도하고, 죽기 전에 빨리 회개하라.
> 알라를 위해 죽은 자는 죽은 것이 아니며, 오히려 살아 있다.

사마르칸트는 1370-1405년간 티무르 제국(1370-1507)의 수도였지만 티무르가 사망하자 오늘날 아프가니스탄의 헤라트Herat로 수도가 옮겨졌다. 그 이후 우즈벡크라는 초원의 유목민들이 침입하자 티무르 후손인 바브르Babur(1483-1530)가 남하하여 1526년 인도를 정복하고 무굴제국Mughul(1526-1857)을 건설하였다. 무굴이라는 말은 페르시아어로 '몽골에서 온 사람'이라는 뜻이며, 무굴제국은 19세기 영국에게 망했다.

8. 새가 된 왕비

14세기 말 사마르칸트에서 모스크를 책임지고 있던 건축가와 티무르 왕비 간의 애절한 사랑 이야기가 오늘날까지 전해 오고 있다. 티무르의 여러 왕비 중에 '비비'Bibi Khayum라고 불리는 젊고 아름다운 중국 출신의 왕비가 있었다.

그녀는 인도 원정에 출정한 티무르가 승리하여 귀국하기 전에 아름다운 비비하눔Bibi Khayum 모스크를 완공하여 자랑하고 싶었다.

그녀는 건축가에게 모스크를 빨리 완공할 것을 독촉하였다. 그러나 왕비의 아름다운 미모에 반한 건축가는 왕비의 얼굴에 키스를 허용하면 모스크를 완공할 수 있다고 제안하였다. 왕비는 키스를 허용하지 않았으며, 건축가는 계속 왕비를 유혹하면서 오히려 모스크 짓는 것을 게을리 하였다.

어느 날 왕비는 각각 다른 색깔을 띤 달걀을 가져와서 달걀을 깨어 내부를 보여 주면서 외부는 상이하나 내부는 모두 똑같다고 하면서 건축을 재촉하였다. 이에 대해 건축가는 며칠 후 2개의 컵에 동일한 무색무취의 물과 보드카vodka(러시아의 전통 술, 알코올 도수가 40도)를 따르면서 외부 모양은 동일하더라도 내용은 완전 다르다고 반박하였다.

결국 왕비는 키스를 허용하는데 단지 손등으로 얼굴을 가리고 손등에 키스를 허용하였다. 이에 건축가는 약속대로 아름다운 모스크를 티무르가 귀국하기 전에 완공하였다.

그러나 키스가 너무나 강해 사랑의 열기가 손등을 뚫고 왕비의 얼굴에 키스의 자국을 남겼다. 물론 왕비는 키스의 흔적을 지우려고 했지만 지울 수가 없었다.

티무르는 귀국한 후 왕비의 부정한 사실을 알게 되자 건축가가 지은 모스크의 높은 미나레트minaret 탑에서 왕비를 뛰어내려 자살하게 하였으며, 건축가를 잡아 처형하였다.

전설에 의하면 왕비는 미나레트에서 뛰어 내릴 때 죽지 않고 아름다운 새가 되어 하늘로 멀리 날아갔다고 한다.

비비하눔 모스크(우즈베키스탄 사마르칸트)

05
한국인은 유목민遊牧民

1. 강남 스타일은 말춤

지난 2012년 7월 한국 싸이의 강남 스타일은 두 달 만에 세계 유튜브의 조회수 2억을 돌파하여 세계를 놀라게 하였다. 강남 스타일은 초원에서 자유롭게 뛰노는 말馬들의 율동을 유쾌하고 재미 있게 표현한 말 춤이었다.

강남스타일은 지난 5천 년간 잠재되어 있던 한국인들의 유목민 DNA가 화산처럼 분출되어 세계를 즐겁게 했다. 한국은 또 하나의 놀라운 잠재력을 전세계에 과시하였다.

강남스타일은 남녀노소 누구든지 쉽게 따라할 수가 있어 순식간에 전 세계적으로 확산되었다. 당시 외국인에게 한국 하면 떠오르는 이미지가 강남 스타일이라고 할 정도였다.

특히 강남 스타일은 말의 원산지인 중앙아시아에서 인기가 높았다. 중앙아시아 카자흐스탄 사람들은 강남 스타일이 자기들의

싸이의 강남 스타일 인형(카자흐스탄)

전통적인 말춤이라고 하면서 결혼식이나 주요 행사마다 강남 스타일을 즐겼다.

오랜 옛날부터 중앙아시아는 초원지내로서 말들의 원산지였으며, 동물들의 천국이었다. 지금도 중앙아시아 사람의 일부는 말을 타고 초원에서 유목생활을 하면서 이동용 천막 가옥인 '유르트'Yurt에서 자연적인 삶을 즐기고 있다. 유르트는 투르크어로 '고향'이라는 의미이며, 몽골에서는 '게르'Ger라고 부른다.

한국 민족은 염색체 조사 결과에 따르면 약 70%는 북방에서 이주해 온 유목민이며, 나머지 30%는 인도, 인도네시아 등에서 이주 해온 남방민족이라고 한다. 북방민족은 눈이 작은 반면, 남방민족은 눈이 큰 것이 특징이다. 한국 민족의 대부분은 북방 유목민으로서 중국의 농경민과도 구분되었다.

중앙아시아와 몽골 초원의 북방 유목민은 대체로 유럽보다 아시아적이다. 머리와 눈동자는 검은 색깔이며, 황색피부에 얼굴은 광대뼈가 돋보인다. 그리고 고대 훈족의 영향을 받아 중앙아시아 카자흐인과 키르기스인은 한국인과 같이 태어날 때 몽고반점蒙古斑點이 있다.

한국의 조상들은 끝없는 초원에서 말을 타면서 독립적이고 자유로운 유목생활을 영위한 기마騎馬민족이었다. 고대부터 한국인은 말을 친구처럼 소중히 여겼다. 한국 선조들은 광활한 초원에서 말을 타고 활을 사용하여 사냥을 하면서 호연지기를 키웠다.

고구려 무용총舞踊塚 벽화에서 말을 타고 사냥하는 수렵도와 신라 천마총天馬塚의 고분에서 발굴된 천마天馬의 모습은 역동적이며, 한국인의 활기찬 기상을 잘 보여준다.

13세기 몽골을 통일한 칭기즈칸은 몽골 기마병들이 세계 최강의 전투력을 유지한 것은 유목민들의 강한 자긍심에 있다고 주장하였다. 고대부터 유목민들은 광대한 초원과 높은 하늘 아래 당당한 자유인으로 살기를 갈망했고 구속과 간섭을 싫어했다.

유목민들은 초원에서의 자유로운 삶이 농경민들의 정착적인 삶보다 행복하다는 자부심이 강했으며, 중국이나 외부의 문화에 동화되지 않았다. 그리고 유목민들은 열악한 환경에서 살아남기 위해 용감하고 강해야 했으며, 어려움과 역경을 극복하기 위해서는 창의력과 개방적인 기질이 필요하였다.

유목민들의 강인하고 자유분방한 기질은 초원에서 질주하는 말들을 많이 닮았다. 말은 유목민들의 영원한 친구이며 동반자였다. 유목민들은 말을 타고 이 세상에 태어났으며, 죽을 때 영혼이 말을 타고 하늘나라로 간다고 믿었다.

유목민들은 타고 다니던 말들이 노쇠해지면 초원에 풀어준다. 말들이 더 이상 고생하지 않고 여생을 초원에서 자유롭게 즐기면서 보내기를 희망한다.

유목민들은 말들이 자유롭게 초원에서 풀을 먹게 하며, 불필요하게 간섭하지 않는다. 말들은 자주 인간이 간섭하게 되면 오히려 약해지고 명마가 되지 않는다고 한다.

한국인들은 자존심과 자립심이 강한 기마민족으로서 어떤 구속에도 얽매이기를 싫어하는 자유인이었다. 한국인들의 자유로운 삶을 지향하는 개방적이고 진취적인 기질이 지난 5천 년간 수많은 외국의 침달에도 굴복하지 않고 한국의 자존과 독립을 유지해온 원동력이었다.

고려시대 금속활자, 조선시대 한글 창제, 오늘날 반도체 강국 등 한국은 창의력이 뛰어난 민족이다. 이 같은 국민들의 독창적인 창의력으로 한국은 유례없이 50년 만에 민주주의와 산업화를 달성하였고 오늘날 세계 200국가 중 10대 경제대국으로 부상하였다.

한국인은 옛날부터 끝없는 초원을 자유롭게 방랑했던 유목민들의 기질 탓으로 오늘날에도 여행을 좋아하며, 세계 여러 곳에 약 1천만 명의 한인들이 흩어져 살고 있다. 세계 어느 곳에 가더라도 한국인을 만날 수 있다. 한국인은 집 나가면 오히려 행복하다는 유목민의 기질을 닮았다.

2. 한국은 명궁의 나라

한국은 올림픽 경기의 양궁 분야에서 금메달을 석권한다. 한국이 양궁분야에서 다른 나라들보다 두각을 나타내는 것은 활을 잘 다루는 유목민들의 유전자가 있기 때문이다. 한국은 옛날부터 활을 잘 쏘는 명궁의 나라였다.

한국 조상들은 오랜 전부터 초원에서 사냥을 즐겼고 매서운 추위에 견디기 위해 눈이 작아졌으며, 먼 거리를 볼 수 있는 시력이 뛰어났다.

유목민들은 일찍이 활을 사용하였다. 유목민들의 조상인 스키타이족(흉노족의 일부)은 기원전 6세기 철제무기를 사용하여 중앙아시아 초원지대를 지배하였다. 스키타이족은 인도, 이란계통의 유목민으로서 활을 사용하였다. 스키타이 종족의 명칭은 고대 페르시아어로 '스쿠타skuta'에서 유래하였으며, 영어로 'shooter'이며, '활을 쏘는 궁사'를 의미하였다.

유라시아 초원의 유목민들이 사용한 활은 15세기 소총이 유럽에서 발명되기 전까지 당시 세계 최고의 무기였다. 좋은 활이란 어떤 조건하에서도 언제든지 사용하기 쉽고 휴대가 용이하며, 사거리가 길고 명중률이 높아야 한다.

유목민들의 활은 당시 유럽에서 사용된 활보다 성능이 탁월했다. 우선 유목민들의 활은 가볍고 휴대가 간편하였으며, 사정거리가 길었다.

고대 유럽과 중국 병사들은 대부분은 보병으로서 평지에서 화살을 사용하였으나, 유목민들은 말을 타고 질주하면서 활을 능숙히 사용해 전투에서 우세하였다.

4세기 유목민인 흉노匈奴족의 후예인 훈족Huns은 중앙아시아에서 유럽으로 대이동하여 로마제국을 침입하면서 위세를 떨치고 있었다. 당시 훈족이 사용한 활은 각궁角弓이었다. 각궁은 물소 뿔, 소 힘줄, 참나무, 자작나무 껍질 등의 합성으로 만들었고 휘어지는 만궁彎弓이었다.

유럽의 기록에 의하면 훈족이 사용한 각궁의 사거리는 300m였으며, 150m에서 적을 살상할 수가 있었다고 한다. 훈족들이 달리는 말에서 화살을 활의 시위에 장전해 쏘기에 편리하도록 각궁의 아래 부분이 위 부분보다 짧았다.

4세기 고구려 광개토왕廣開土王(375-413)은 만주를 정복하면서 대국으로 발전하고 있었다. 고구려에는 활을 잘 만드는 장인들과 명궁들이 많았다.

고구려 건국의 시조인 주몽朱蒙은 고구려말로 선사자善射子라는 의미로 '활을 잘 쏘는 사람'이라는 뜻이다. 고구려인들은 과하마果下馬라는 말을 잘 탔으며, 과하마는 과일나무 밑을 지나간다는 의미를 가진 체구가 작은 말로서 지구력이 강해 하루에 100km를 달렸다.

『삼국지三國志』「위지 동이전魏志東夷傳」에 의하면 고구려인들도 각궁角弓과 유사한 맥궁이라는 활을 사용하였다고 한다. 만궁인 맥궁貊弓은 고구려 고유의 활이며, 당시 중국에는 맥궁과 같은 활이 없었다.

맥궁의 기본 재료인 물소의 뿔은 중앙아시아 초원지대보다는 고구려가 지배한 만주지역에서 쉽게 구할 수가 있었다. 물소들은 호수나 물이 풍부한 만주지역에서 주로 서식하였다.

맥궁이라는 활은 당시 세계 최고의 활이었으며, 고구려는 맥궁으로 만주를 정복하고 동북아시아에서 강국으로 부상하였다. 맥궁은 길이가 1m 정도로 작았으며, 휴대가 간편하였다.

고구려는 중국 삼국시대(220-280) 손권의 오나라(229-280)에 맥궁을 수출하기도 하였다. 고구려 시대의 화살촉은 철제나 뾰족한 뼈 조각으로 만들었다.

철로 제련된 무기를 대량 생산하기 위해서는 당시 첨단 산업인 광업이 발달해야 한다. 고구려는 요동반도를 점령하여 요동성과 안시성 주변에 철광산과 동광산銅鑛山을 개발하였으며, 제련술을 발전시켰다.

고구려시대에는 화살을 싸리나무로 만들었으며, 길이가 약 80cm로 단단하였다. 철제로 된 화살촉은 송곳 모양, 뱀 머리 모양, 도끼날 모양 등 여러 종류가 있었다.

화살촉은 두꺼운 갑옷을 꿰뚫을 정도로 강했으며, 날아가면서 귀신같은 소리를 내는 명적鳴鏑(한국말로 울고도리)이라는 화살도 있었다. 명적은 적에게 심리적으로 공포심을 자아냈었다. 고구려인들은 화살이 날아갈 때 회전효과를 극대화하기 위해 화살촉의 쇠부분에 홈을 파기도 하였다.

명적은 고구려 이전에도 전투에서 널리 사용되었다. 기원전 202년 중국 한고조漢高祖 유방劉邦(B.C.247-B.C.195)을 패퇴시킨 유목민인 흉노의 왕 묵돌선우(B.C.234-B.C.174)가 명적을 사용하였다고 한다.

조선시대에 편전片箭이라는 독특한 화살이 있어 전투에 유리하였다. 조선시대 편전이라는 작은 화살(속칭 애기살)은 일반 화살보다 그 길이가 반 정도 작으나 날아가는 속도가 빠르고, 살상력이 뛰어나 적들에게 공포의 무기였다. 보통 화살은 크고 날아가는 속도도 느려 눈으로 볼 수가 있어 전쟁터에서 적들이 피할 수가 있었다. 그러나 편전은 너무 작아 적들이 눈으로 확인하기가 어려웠다고 한다.

한편, 고대부터 발전해온 활은 13세기 몽골제국 시기에 전성기를 구가하였다. 몽골인들은 물소 뿔, 나무, 힘줄을 합성하여 작고

보다 강한 활을 만들었다. 길이는 40인치(100cm) 내지 50인치(127cm) 였으며, 휴대가 간편하여 말을 타고 다니면서 활을 사용하는 데 편리하였다. 특히 사정거리가 서양 활보다 2배나 길었으며, 명중률이 높아 전투에 유리하였다. 13세기 몽골 칭기즈칸이 유라시아를 정복할 때 사용한 주요한 무기는 활이었다.

16세기 중앙아시아에서 이슬람 제국을 건설한 티무르는 활의 사거리를 배가시켰다. 티무르 병사들은 구리로 된 조그만 링을 손가락에 끼워 활을 쉽게 최대한 끌어당겨 사정거리를 높이고 화살의 속도를 빠르게 하여 살상력을 높였다.

유럽에서도 고대부터 활을 사용하였다. 중세 유럽의 활은 나무로 만들어진 큰 활이며 크기가 6피트(약 180cm)였다. 활이 너무 길어서 휴대하기도 어려웠다. 그리고 병사들이 화살을 장착하여 발사하는 데에도 시간이 걸리고 명중률도 높지 않았다.

역사적으로 고대부터 중세까지 활 제조 방법과 말을 타고 활을 사용하는 기예는 동양이 서양보다 월등하였다. 그러나 15세기부터 유럽이 신무기인 조총鳥銃과 대포를 본격적으로 개발한 이후 전쟁에서 우위를 점하고 세계를 지배하기 시작하였다.

3. 한민족韓民族 기원지는 초원지대

단재丹齋 신채호申采浩(1880-1936) 선생은 조선상고사에서 한민족의 기원지를 파미르 고원 혹은 몽골지역으로 기술하고 있다. 그는

알타이 고원지대(카자흐스탄)

조선족이 분화하여 조선, 선비, 여진, 몽고, 퉁구스족 등 종족이 되었고, 조선의 속민이었던 흉노족이 분화하여 돌궐, 헝가리, 터키, 핀란드 종족이 되었다고 설명하였다.

한국 조상들은 중국 본토가 아닌 북방 대륙 기마민족인 동이東夷족에 유래하였다. 서기전 2400년경에 동이족들이 청동기 문화를 토대로 현재 중국 만주의 요동반도에 고조선을 건국하였다. 고조선은 중국의 하夏(기원전 2200-1750)와 상商(기원전 1750-1040) 왕조보다 일찍이 건국되었다.

동이족은 오랜 전부터 만주에 거주하였다. 중국 한족漢族들은 중국 본토를 중심으로 동쪽 지역인 만주와 한반도, 일본에 거주하고 있던 주민들을 동쪽에 사는 이민족이라는 뜻으로 동이족이라고 불렀다. 동이족은 '동쪽의 활 잘 쏘는 사람들'이라는 의미도 있다.

동이족들은 만주지역에서 고조선을 건국하였고 일부는 보다 살기 좋은 한반도로 이주하였다. 동이족은 선비, 여진, 말갈, 거란 등 여러 종족과 부족으로 구성되어 있었으며, 농경, 목축, 어로, 유목 등 다양한 분야에 종사하였다.

동이족은 '새' 토테미즘totemism을 가지고 있었다. 새는 중앙아시아 유목민들이 숭상하는 토템이었다. 유목민들은 새가 인간들의 소원을 하늘에 전해주거나 사자死者의 영혼을 하늘나라로 인도하는 역할을 한다고 믿었다.

신라의 천마총에서 발견된 금관의 이마 부분에 새가 달려있다. 경주 서봉총瑞鳳冢에서 발굴된 신라 금관에도 세 마리의 새가 앉아 있다.

고구려 고분 벽화에서는 태양太陽 속에 세발 달린 까마귀三足烏가 발견된다. 신라의 건국시조인 박혁거세朴赫居世도 백마가 낳은 알에서 태어났다는 설화는 유목 사회와 연관이 있음을 보여준다.

한편, 한국어는 어원적으로 알타이어족(한국어, 일본어, 만주어, 터키어, 몽골어)에 속한다. 중국어는 소리의 높낮이가 있는 성조聲調가 있으나, 알타이어에는 성조가 없다. 한국어와 중국어는 근본적으로 다르다.

한글의 발음이나 어순이 알타이족 언어와 흡사하다. 중앙아시아의 대부분 영토를 차지하고 있는 카자흐스탄 언어는 어순이 한글과 동일하며 한글과 유사한 단어들이 많다.

카자흐스탄 학생들은 중국어, 영어보다 한국어를 더 쉽게 빨리 배운다. 한글과 카자흐어는 같은 우랄알타이어족이기 때문이다.

현재 알타이 지역은 중앙아시아에 위치하고 있으며, 중국, 카자흐스탄, 몽골, 러시아 4개국이 점유하고 있다. 알타이 지역은 산악과 평지, 그리고 강과 호수가 있어 고대부터 인류가 밀농사와 말, 양, 염소 사육 등 어업과 목축을 하면서 살아가기 적합하였다. 알타이 지역은 해발이 평균 1,000m의 고원지대로서 중앙아시아에서 사슴이 사는 지역이다.

　알타이(투르크어로 '황금'이라는 의미) 지역은 유목민들에게 모태로서 어머니와 같은 정신적인 고향이었다. 수천 년 전 알타이 지역에서 한국민족, 투르크, 몽골, 퉁구스 계통의 인종들이 기원하였다.

　이들 인종들 간의 정복과 결혼을 통해서 새로운 인종이 탄생하였고 부족 간 결합으로 새로운 유목 알타이 연맹체가 형성되었다. 그리고 알타이어가 공용어로 발전하였다.

　알타이 지역에서는 다른 지역보다 일찍이 철기문화가 발전하였다. 알타이 지역에는 철광석들이 풍부하여 금, 철과 구리 제련 등 연금술이 발전하였으며, 고대부터 금관 등 황금 문화가 인접지역으로 널리 확산되었다. 마침내 알타이 황금문화는 한반도 신라에서 꽃을 피웠다.

4. 신라의 황금 문화

　유목민의 대표적인 고대 문화는 기원전 4-5세기경의 철기문화를 전파한 스키타이 황금문화이다. 스키타이족(흉노족의 일파)의 한 부족인 사카족이 현재 알타이(투르크어로 '황금' 의미) 부근에 거주하면서 황금 문화를 이룩하였다.

황금문화는 기원전 5세기부터 기원후 6세기까지 알타이 산맥을 중심으로 번창하였다. 알타이 지역은 구리, 금, 철 등 광물들이 풍부하게 매장되어 있어 고대부터 철기와 황금문화가 발전하였다.

스키타이족들은 부와 권력의 상징으로 황금을 숭상하였다. 금은 고대부터 동서양을 막론하고 가볍고 가치가 있어 화폐 대용으로 사용되었으며, 색깔이 오랫동안 변하지 않아 숭배되었다.

신라의 황금 문화

카자흐스탄에는 황금인간Golden Man이라고 불리는 무사상을 도처에서 볼 수 있다. 황금인간으로 불리게 된 것은 1969년 알마티 동쪽에서 약 50km 떨어진 이시크시Issyk 교외 쿠르간Kurgan(무덤)에서 한 무사가 발굴되었는데 그 무사가 4,000장이나 되는 황금조각의 옷을 입고 있었기 때문이었다. 수천 장의 황금조각들이 옷 위에 붙어 있었다.

기원전 4-5세기경으로 추정되는 이 무사는 4개의 화살이 장식되어 있는 모자를 쓰고 있었다. 화살을 사용한 전형적인 스키타이족이었다. 스카타이 병사들은 전쟁시 철조각을 이어붙인 철갑옷을 착용하였다고 한다.

1990년도 초 구소련에서 독립한 카자흐스탄은 민족의 자존심과 정체성 회복을 위해 황금인간을 자기들의 조상으로 여기고 있으며, 눈 표범을 타고 있는 황금인간의 동상을 각지에 설립하였다.

황금인간(카자흐스탄)

스키타이 철기문화는 초원길을 따라 몽골, 만주를 통해 한반도로 전파되었다. 당시 스키타이족은 첨단 기술인 철제 무기를 휴대하여 한반도로 이주한 후 쉽게 신라의 토속세력을 정복한 것처럼 보인다.

스키타이족은 기원전 수백 년 전부터 알타이 지역에 거주하였으며, 금 세공기술이 뛰어났다. 이들 후손들이 한반도로 이주하여 신라 금관을 만들었다고 추정하기도 한다.

스키타이인들은 고대부터 '동복銅鍑(청동솥)'이라는 청동으로 만들어진 솥을 말에 싣고 다녔다. 스키타이족들은 말을 타고 이동하면서 초원에서 동복을 이용하여 음식을 조리하여 먹었다. 유목민들이 세계 역사상 처음으로 이동용 취사炊事 도구를 사용하였다.

동복을 실은 기마 토기(신라 금령총)

김해 대성동 지역에서 발굴된 3세기 말경의 유물에도 동복이 있으며, 신라 금령총金鈴塚 고분에서 발견된 토기에는 동복을 싣고 있는 기마상이 있다. 당시 가야와 신라는 북방 유목민들과 교류했음을 알 수 있다.

스키타이족들은 인간이 말을 타고 세상에 태어나고, 말을 타고 하늘나라로 간다고 믿었다. 사람이 죽으면 말과 함께 매장하였다. 그리고 사람과 말을 미라로 만들어 보관하기도 하였다.

스키타이 유목민들의 무덤은 적석목곽총積石木槨塚이며, 땅속에 나무로 된 관을 묻고 그 위에 돌을 촘촘히 쌓았으며, 마지막으로 흙을 덮었다. 고대부터 산림에 인접한 초원지대의 유목민들은 통나무집에 살았다. 유목민이 사망하면 통나무집에 시신과 부장품을 넣고 돌로 둥글게 쌓았다. 이 같은 무덤형식을 적석총이라고 불렀다.

1940년대 알타이 고산지대의 파지리크Pazyryk에서 적석목곽분의 무덤이 발견되었다. 스키타이족의 무덤으로 추정한다. 땅을 파서 시신을 목곽에 안치하고 그 위에 돌을 쌓았다. 땅속 깊이는 약 3-4m이며, 주인이 타고 다닌 말이 같이 순장되어 있었다.

통일신라시대 무덤도 적석 목곽총積石 木槨塚이다. 알타이 지역에서 수천km 떨어진 경주 지역에서 적석 목곽총이 발견된 것은 통일신라와 스키타이족 간에 소통이 있었음을 보여준다.

또한 스키타이족 문화는 서로 얽혀 물어뜯고 싸우는 동물 표현이 특징이다. 표범, 양, 사슴, 말, 매와 같은 다양한 동물들의 모양이 항아리, 혁대, 버클, 머리핀, 목걸이 등에 장식되어 있다.

스키타이 동물 예술은 표범, 곰, 사슴, 말 등의 사지가 찢어져 완전히 뒤틀린 희생물의 몸체로 표현되는 극적인 예술이다. 희생

자가 가해자를 자신의 죽음으로 같이 끌고 들어가는 모습이다. 살육 장면은 고도의 비극성을 보여주면서 동시에 내적인 생동감을 느끼게 한다. 반면 농경사회에서는 넓은 배경에서 서로 쫓고 쫓기며 으르렁거리는 맹수의 모습을 보여준다.

중앙아시아에서 발굴되는 마구, 농복, 동물양식의 버클, 금관, 유리제품들의 유물들이 신라 고분에서도 발굴되었다. 또한 이 시기에 신라의 왕을 '마립간'이라고 불렀으며, '간'은 유목 사회의 군주인 '칸'khan을 의미하였다.

한편, 고대부터 골품骨品제도는 유목사회의 유풍이다. 한반도 삼국시대에 고구려와 백제에는 없는 신라에만 독특하게 골품제도가 있었다. 신라 골품제도는 왕족인 성골과 진골, 그리고 6,5,4두품 등 총 10등급이었다. 최하위 등급인 4두품은 가옥 크기도 제한되었고 말을 2필 이상 소유할 수가 없었다.

고대 흉노족의 후예인 훈족시대에 혈연을 중시하는 골품제도라는 세습적인 계급제도가 있었다. 사람들의 능력보다는 혈통이 중요시되는 사회였다.

골품제도는 8세기 아랍세계의 이슬람 종교와 혼합되어 중앙아시아에서는 16세기에 완성되었다. 크게 귀족계급인 백골White Bone과 일반 평민인 흑골Black Bone로 구분되다.

칭기즈칸은 태어날 때 비천한 신분인 흑골 출신이었다. 그는 13세기 유라시아를 정복하면서 위대한 영웅이 되었고 백골 신분으로 상승하였다. 그 이후 칭기즈칸 혈통 및 가문 출신자들은 백골White Bone로서 토레Tore라는 귀족계급이 되었다. 이들은 술탄sultan(이슬람 세계에서는 군주를 의미)이라는 칭호를 부여받고 많은 특권을 향유하였다.

두 번째 계급은 이슬람에 정통한 아랍 출신의 학자들로서 크호자Khoja라고 불렸다. 가장 존경받는 계급은 지혜와 지식을 구비한 판관으로 베이bei라고 불렸다. 베이는 관습과 이슬람법에 정통했으며, 민주적으로 선출되었다. 다음으로 무사계급으로서 바투루스 batyrs이다.

가장 수가 많은 일반 평민계급은 흑골Black Bone이다. 이들은 바투루스와 베이에게 종속되어 있었다. 노예는 가장 낮은 계급으로서 전쟁에서 생포된 포로들이었다. 토렌지트tolengit는 지금의 중국 신장지역(동투르크스탄)에 거주했던 중가르족 출신들의 포로 후손들을 지칭하였다.

06
유목제국이 망하다

1. 총과 대포에 망하다

13세기 무적을 자랑하던 몽골군은 유럽에서 개발된 총과 대포에 의해서 망했다. 말과 화살을 이용한 유목 기마병들의 속전속결 전술은 화력을 앞세운 포병 앞에서는 위력을 발휘하지 못했다. 13세기 몽골 기마병은 속전속결의 빠른 기동력을 주축으로 유라시아를 정복하였다. 한마디로 기마대가 전쟁에서 승패를 결정하였다. 그러나 14세기부터 화살보다 빠른 총과 대포가 등장하자 기마대는 속수무책이었다.

총과 대포의 등장으로 전쟁의 양상이 완전히 바뀌게 되었다. 총과 대포로 무장한 보병과 포병들은 적의 기마병이 사정거리에 들어오면 집중 사격으로 적의 기병대를 몰살시켰다. 말과 기마 병사를 양성하는 데 최소한 2-3년이 걸리지만 총을 발사하는 소총수를 훈련시키는 데 2-3달이면 충분하였다. 그리고 총과 대포는 활보다 살상력이 훨씬 뛰어났다.

15세기 오스만터키는 유럽과 전쟁시 화살과 화승총musket을 동시에 사용하였다. 1444년 오스만터키 보병들은 1분당 화살을 10발(사거리 약 200m) 발사했으나, 불을 붙여 점화하는 화승총은 실탄 장전과 발사(사거리 약 100m)에 2분에 소요되었다. 그러나 화승총은 1515년에는 기능이 획기적으로 개선되어 사거리가 200m가 되었고 살상력이 활보다 뛰어나 보병의 주요 무기가 되었다. 유럽이 오스만터키보다 총기 개발에 앞섰다. 유럽은 1580년대 방아쇠로 점화시켜 발사하는 획기적인 소총을 개발하였다.

16세기 초부터 오스만터키는 유럽이 개발한 대포와 총기에 밀려 결국 1683년 비엔나 포위에서 패배하였고, 그 이후부터 쇠퇴하기 시작하였다.

총과 대포의 도입으로 아시아의 세력판도에 구조적인 변혁이 초래되었다. 16세기 중반 일본은 화승총인 조총을 유럽에서 도입하여 실전에 사용하였다. 일본은 1543년 조총을 포르투갈 상인으로부터 구입하여 생산하기 시작하였다. 1575년 나가시노 전투에서 오다 노부나가는 3천여 명의 조총부대로 일본 최강의 기마부대에 승리하였다. 그 이후 기마병보다는 조총으로 무장한 보병이 전투의 핵심부대가 되었다.

조총과 함께 대포도 유럽에서 발전하였다. 대포는 14세기 정교를 숭상했던 유럽의 발칸 지역 국가들이 이슬람의 오스만터키 제국의 침공에 대항하기 위해 만들었다고 한다. 1380년대부터 대포는 실전에 사용되었으며, 1393년에는 약 300파운드(136kg)의 포탄을 발사할 수 있었다. 오스만터키는 대포 기술을 도입하여 당시 난공불락難攻不落이었던 비잔틴 제국의 콘스탄티노플을 1453년 점령하였다.

한편, 14세기 티무르가 중앙아시아에 정복하고 여러 유목민들을 통합하는 동안 상대적으로 러시아와 중국이 강성하게 되었다. 티무르는 이란, 러시아 남부, 아프가니스탄, 카프카스 지역에 군사력을 집중하여 중국, 몽골과 티베트, 만주 지역까지 영토를 확장할 여력이 없었다.

우선 티무르의 침입으로부터 자유로웠던 만주지역에서 여진족이 강성해졌다. 결국 여진족은 중국 명나라(1368-1644)를 정복하고 17세기 청나라(1616-1919)를 건국하였다.

16-17세기 러시아와 중국 청나라는 총기와 대포 등 우수한 무기를 도입하여 유목민들을 압도하였다. 1453년 그리스를 지배한 비잔틴 제국이 이슬람의 오스만터키 제국에게 망하자 그리스 군사 및 행정 전문가, 기술자들이 모스크바로 대거 이주해 왔다.

그리스인들은 모스크바를 강성하게 하여 오스만터키에 복수코자 하였다. 그리스인과 러시아인은 모두 정교를 숭상하였다. 당시 모스크바 이반 4세 황제(1533-1584)는 종교적 동일성을 기반으로 그리스 이주민들을 적극 수용하여 군사력을 강화하였다.

이반 4세는 칭기즈칸의 후손들이 300년간 지배한 카잔 칸국(1438-1552)과 아스트라 칸국(1466-1556)을 16세기 중반 정복하였다. 1552년 10월 이반 4세는 대포를 이용하여 카잔을 함락시켰다.

이어서 이반 4세는 볼가강과 우랄강을 지배하여 카프카스와 카스피해, 중앙아시아 초원을 지배할 수 있는 발판을 마련하였다. 러시아는 16세기부터 '부드러운 금'이라고 불리는 모피를 찾아 시베리아로 진출하였으며, 시베리아 수로를 이용하여 유라시아의 동쪽 끝인 오오츠크해에 이르렀다.

19세기 하반기에 시베리아와 연해주을 장악하고 한반도 북부 지역과 국경까지 진출하였다. 19세기 말 유럽의 열강들이 아프리카에서 식민지 확보에 각축을 벌이는 사이에 러시아는 쉽게 중앙아시아와 시베리아를 정복하여 유라시아의 대제국이 되었다.

러시아의 시베리아 진출은 중국 청나라와 아무르 강변에서 충돌을 초래하였다. 양측은 1689년 8월 네르친스크 조약Treaty of Nerchinsk을 체결하여 화평하였다.

청나라는 외국과 처음으로 조약을 체결하였으며, 이를 계기로 결국 청나라와 러시아가 중앙아시아와 몽골을 분할하게 되었다.

17세기 청나라와 러시아간 대립에 조선이 개입하게 되었다. 구식장비를 가진 청나라는 총포를 가진 러시아군에게 번번이 패배하였다. 이에 청나라는 조선에게 조총군의 파견을 요청하였다.

조선은 1654년과 1658년에 약 400명의 조총군을 파견하였으며, 아무르 강의 지류인 숭가리강 전투에서 러시아 군대를 격파하였다. 이를 나선정벌羅禪征伐이라고 한다. 나선은 러시안Russian을 한 자음으로 번역한 것이다.

한편, 17세기 후반부터 러시아가 강성해지는 시기에 청나라와 서몽골 지역에서 준가르Junghar라는 유목세력이 부상하기 시작하였다. 중앙아시아와 몽골, 신장지역에 대한 지배를 놓고 러시아, 청나라, 준가르가 서로 대립하였다.

몽골지역은 중앙아시아의 알타이 산맥을 경계로 동쪽은 칭기즈칸의 후예가 지배하는 동몽골과 비칭기즈칸의 부족들이 다스리는 서몽골로 양분되어 서로 대립하였다. 청나라는 몽골의 정체성을 약화시키고 견제하기 위해 고비사막을 경계로 남쪽은 내몽골, 북쪽은 외몽골로 구분하였다.

1670년대 갈단 Galdan(1676-1697)이 준가르의 패권을 장악하였으며, 1680년경에는 오늘날 중국의 신장을 장악하였다. 1687년에 티베트의 지원을 받은 준가르는 동몽골을 침입하였으며, 동몽골은 청나라 강희제 姜熙帝(1654-1722)에 도움을 요청하였다.

당시 강희제는 준가르 위협에 대처하는 것이 급선무였으며, 우선 러시아와 화해가 필요하여 1689년 러시아와 네르친스크 조약을 체결하였다.

강희제는 1690년 1697년까지 4회에 걸쳐 친정하였으며, 준가르를 패망시켰다. 우선 강희제는 1690년 유목민인 준가르를 지배하던 갈단과 오르도스 지역의 울란부퉁 Ulan Butung 전투에서 승리하여 기선을 잡았다.

강희제는 대포를 동원하여 승리를 거두었다. 당시 유럽에서 청국으로 건너온 제수이트 선교사들이 대포 제작 기술을 청나라에 전수하였다. 당시 준가르는 내부 반란으로 세력이 약해져 청나라에 대항하기가 역부족이었다.

마지막 유목세력인 준가르가 1757년 패망하자 청나라는 티베트, 내몽골, 신장 등 거대한 영토를 지배하게 되었다.

한편, 한국도 14세기 말 화약과 대포 제작 기술에서 세계적인 수준을 자랑하였다. 최무선 崔茂宣(1325-1395)은 화약제조에 성공하였고 고려말 우왕의 지원 하에 1377년 화통도감을 설치하여 대포 등 주요한 화기를 제작하였다. 정지 鄭地(1347-1391) 장군은 최무선이 개발한 대포를 이용하여 1383년 남해의 관음포觀音浦에 침입한 왜구의 함선 약 120척을 격침하였다.

중앙아시아에서 칭기즈칸이 세운 유목제국의 패망은 16세기 초 페르시아(현대 이란)에서도 시작되었다. 당시 페르시아 제국의 후예인 사파비 왕조Safavid dynasty(1502-1736)의 샤 이스마일Şah İsmayıl(1487-1524)은 칭기즈칸의 후예인 무함마드 샤이바니Muhammad Shaybānī Khān (1451-1510)를 1510년 12월 메르빌Merv(오늘날 투르크메니스탄에 위치) 전투에서 패퇴시켰다. 이란 사파비 왕조는 1055년부터 1502년간 몽골과 터키의 정복에서 벗어나 비로소 독립하게 되었다.

무함마드 샤이바니는 칭기즈칸 후손으로서 서투르키스탄, 페르가나 등 중앙아시아 대부분을 통치하고 있었다. 칭기즈칸의 후손들이 정주민들인 이란인들에게 패배한 것은 정주민들이 유목민들과 대등한 위치에 서기 시작했다는 의미였다. 수백 년간 유목민들의 침입을 받아왔던 농경사회가 과학과 기술의 발달에 힘입어 초원의 유목사회보다 우위를 점하기 시작했다.

한편, 유럽의 부상도 유목민들의 몰락을 재촉하였다. 유럽은 지정학적으로 산과 강이 많아 중국이나 러시아처럼 한 국가가 제국처럼 유럽대륙을 지배하기 어려웠다.

유럽 대륙에서 수백 개의 도시국가들이 탄생하였으며, 서로 자유롭게 경쟁하면서 국력을 키웠고 결국 약육강식의 유럽에서 전쟁에서 승리한 국가가 살아남았다. 유럽은 14세기에는 약 1천여 개의 정치 연맹체가 존속하였으나 200년 이후인 16세기에는 500여 개의 정치연맹체로 축소되었다.

유럽 국가들은 1550-1650년간 약 2/3를 전쟁으로 보냈다. 한

마디로 전쟁과 정복의 시기였다. 1500-1799년간 약 300년 동안 스페인은 81%를, 영국은 53%, 프랑스는 52%를 타국과의 전쟁에서 승리하면서 제국으로 발전하였다. 자연히 유럽 국가들은 군사강국이 되기 위해 대포 등 첨단 군사기술과 전략 개발에 심혈을 기울였다. 17세기부터 유럽열강들은 이 같은 전쟁 경험과 군사적 우위를 토대로 아시아, 아프리카, 중남미 등 세계를 지배하기 시작하였다.

16세기 초 유럽 국가들은 세계 영토의 약 10%를 차지했으나, 4세기 후 20세기 초에는 지구의 60%을 지배하였고 세계 GDP의 약 79%를 생산하였다.

유럽의 부상은 한반도에도 영향을 미쳤다. 한반도는 16세기 후반 유럽으로부터 조총 등 선진 문물을 도입한 일본의 조선침략(임진왜란壬辰倭亂)과 17세 중반 청나라의 침략(병자호란丙子胡亂과 정묘호란丁卯胡亂)으로 역사상 미증유의 전쟁을 경험하였다.

2. 한국인이 유목민과 항쟁하다

한반도는 고대부터 인접되어 있는 만주와 중국을 강타할 수 있는 망치로서 요충지였다. 중국인들은 중국과 한반도 관계를 순망치한(脣亡齒寒('입술이 없으면 이가 시리다'라는 의미)으로 비유하였다.

북방 대륙의 유목세력들이 중국을 지배하거나 반대로 중국 왕조들이 북방 유목세력을 견제하기 위해 우선 배후지인 한반도를 통제코자 하였다.

중국이나 몽골 등 북방 대륙에서 통일 왕조가 들어서면 한반도에 전란의 태풍이 불어 닥친다. 10세기부터 17세기까지 유라시아의 강자로 등장한 유목민들이 중국과 만주를 지속적으로 침입하자 인접한 한반도도 전쟁터가 되었다.

10세기부터 15세기까지 동아시아에서는 중국에서 요나라(916-1125), 금나라(1115-1234), 송나라(960-1279), 원나라(1279-1368), 명나라(1368-1644)가 흥기하였고 한반도에 고려와 조선이 건립되었다.

만주에서 흥기한 거란과 여진족이 북중국을 정복하였고, 몽골이 13세기에 아랍, 이란, 중국, 러시아를 지배하였다.

10세기 초 중국 당나라가 농민의 반란으로 망하고 5대 10국 시대(907-960)로 중국은 50년간 혼돈기로 접어들었다. 이 틈을 이용하여 거란족이 만주에서 흥기하여 요를 건국하였다.

거란인들은 일찍이 만주 요하 상류지역에서 유목과 수렵에 종사하던 유목민들이었다. 거란족 수령 야율아보기(요 태조, 872-926)가 907년 요를 건국하였다. 요는 926년 만주지역을 통치하던 발해渤海(698-926)를 멸망시키고, 946년 중국 대륙의 후진을 정복하면서 30년 만에 강대국으로 부상하였다.

남중국 지역에서 960년 조광윤趙匡胤(송 태조, 927-976)이 송나라를 건국하였다. 그러나 송나라가 북중국을 정복하지 못해 요나라와 대립하였다.

10세기 후반기의 동북아 정세는 중국에서 요나라와 송나라가 서로 대립하였고 고려는 중립적인 입장을 유지하였다. 고려를 건국한 태조는 고구려 유민들이 세운 발해를 멸망시켰다는 이유로 거란을 적대시하였다. 왕건은 고려가 신라, 백제, 고구려, 그리고 발해를 계승한 유일한 나라라는 정통성을 주장하였다.

993년 거란은 고려의 북쪽 지역이 자기들의 땅이라고 하면서 대군을 이끌고 고려를 먼저 침입하였다. 그러나 그는 고려의 서희 徐熙(942-998)와 담판에서 설득당하고 한반도에서 물러났다.

고려는 거란의 요구에 따라 송나라와 단교하였고 압록강 유역에 강동 6주(오늘날 북한의 평안북도)를 확보하여 영토를 확장했다. 거란은 이어서 1010년과 1019년에 침입하였으나 강감찬 장군에게 격퇴 당했으며, 1022년 고려와의 관계를 정상화 했다.

한편, 요나라와 송나라의 대립 관계를 이용해서 중국 서부지역에서 서하西夏(1032-1227)가 강해지기 시작하였다. 1082년 송나라는 서하에게 대패하기도 하였다. 결국 고려가 송나라와 연합하여 배후에서 거란을 견제하자 거란이 송나라를 정복하지 못했다.

11세기는 중국 대륙은 남중국에 송나라, 북중국에 요나라, 중국 서부지역에 탕쿠트 유목민이 세운 서하로 3분 되어 서로 대립하였다. 어느 나라도 중국 대륙을 통일할 능력이 없었다. 이들 국가들의 상호 적대적인 공존으로 동북아 정세가 불안전하게 유지되었다.

그러나 12세기 초 북만주에서 여진족의 흥기로 동아시아 균형이 깨졌다. 여진족은 발해의 지배하에 있었던 유목민이었다. 발해가 망하자 여진족은 고려를 상국으로 섬겼다. 여진은 말과 모피를 고려에 수출하고, 대신 식량, 포목布木(베와 무명), 철제 농기구 등을 수입하였다.

여진족들이 고려 국경선을 자주 침범하자 고려 윤관은 1107년에 여진 정벌에 나섰다. 고려는 여진정벌에 성공하였고, 현재 함경도 지역에 9성을 구축하고 군사를 주둔하였다. 그러나 고려는 내부 사정과 여진족의 요청으로 1109년 함흥지역에 구축한 9성을 여진족에게 넘겨주었다.

12세기 초부터 여진족이 세력을 확장하기 시작하였다. 수령 아골타는 1115년 만주 지역에 금을 건국하였다. 금나라는 1125년에 요나라를 멸망시켰고 1126년에 남중국의 송나라 수도를 함락시켰다.

송나라는 고려와 동맹하여 금나라를 공격하기를 요청하였으나, 고려는 이를 거절하였다. 다만 고려는 무역과 문화 수입을 위해 송나라와 관계를 유지하였다.

금나라는 송나라를 정복하는 과정에 고려에 대해 군신의 관계를 요구하였고, 고려는 1126년 이를 수락하였다.

고려는 남송과 금나라 양국에 책봉관계를 맺어 중립을 견지하여 영토를 보전하였다. 12세기 중반 요나라가 망하고 금나라와 송나라, 고려 3국간의 균형으로 동북아 정세가 당분간 안정을 누렸다.

1206년 몽골 칭기즈칸이 몽골 초원을 통일하고 중국과 유라시아로 팽창하자 대변혁이 초래되었다. 칭기즈칸은 우선 경제적으로 중요한 무역로를 장악하기 시작하였다. 그는 오로도스와 중국의 감숙에서 탕구트 유목민들이 세운 서하를 복속시켜 중국 서북지역의 교역로를 확보하였다.

이어서 칭기즈칸은 1215년 금나라 수도인 연경(현재 북경)을, 1220년에 중앙아시아를 점령하였다. 마침내 몽골은 1234년 금나라를 멸망시켰다.

　북중국의 금나라는 지리적으로 북방의 유목민들이 남중국과 한반도를 공격하는 것을 막아주는 방파제 역할을 하였다. 강력한 몽골의 등장과 금나라의 패망은 동북아 세력 판도에 구조적인 변혁을 예고하였다.

　몽골은 금나라와 남송을 정복하는 과정에서 고려가 이들 국가와 연합하는 것을 방지하기 위해 고려를 1218년부터 1259년까지 40년간 7차례 침략하였다. 몽골은 기병 중심의 만 명 규모 병력으로 고려를 자주 침입하여 노략질하였다. 몽골의 전략은 항상 적은 기마 병력으로 고려를 수시로 공격하면서 세력을 과시하고 고려를 견제하는 것이었다. 몽골은 남송이나, 금나라를 정벌하기 위해서, 그리고 주변의 이민족들의 공격에 대비하기 위해 대규모 병력을 고려에 파병하기가 어려운 실정이었다.

　몽골은 1231년부터 본격적으로 금나라를 정복하는 과정에서 고려를 침략하였다. 금나라 정벌에 필요한 보급품을 확보하기 위해 몽골은 말 2만 필, 백만 명의 의복, 비단 1만 필 등 엄청난 공물을 고려에 요구하였다.

　이에 고려 무신정권은 몽골의 요구를 거절하고 항전하기 위해 1232년 강화도로 수도를 천도하였다.

　그간 몽골과 항쟁을 이끌어 온 고려 최씨 무신정권이 1258년 망하고 문신정권이 들어섰다. 고려 문신정권은 몽골과 화의하였다. 몽골은 1271년 중국에 원나라를 건국하였으며, 원나라는 1279년 남송을 정복하여 중국을 통일하였다. 원나라는 조공과 책봉제도를 통해 인접 국가들을 통치하였다. 고려는 1262년부터 몽골과 책봉관계를 맺었다. 원나라는 고려와 통혼과 부마관계를 맺어 고려를 통제하였다.

한편, 13세기 하반기 원나라는 남송에 대한 침공을 강화하면서 동시에 일본정벌을 추진하였다. 원나라는 일본에게 조공을 받칠 것을 요구하였다.

일본이 이를 거절하자 원나라는 고려군과 함께 1274년과 1281년 일본을 두 차례 침공하였다. 1274년 고려, 몽골, 중국 연합 병사들은 900척의 함선에 4만 명의 군사를 동원하여 일본을 공격하였으나 태풍으로 실패하였다.

1281년 고려, 중국, 몽골군 약 14만 명의 병사들이 약 4,000척의 함선으로 일본 가마쿠라 막부정권을 재차 공격하였으나, 태풍과 일본의 저항으로 실패하였다.

결국 여몽 연합군의 2차례 일본 원정으로 고려와 일본은 큰 피해를 보았다. 고려는 2회의 일본 원정에 동원되어 막대한 피해를 입었으며, 경제가 피폐해졌다. 원나라로서는 일본과 조선을 서로 반목시키고 조선의 국력을 약화시켜 조선을 쉽게 통제할 수가 있었다.

일본도 여몽연합군의 침공으로 민심이 크게 흔들리고 가마쿠라 막부 정권이 분열되어 남북조 시대로 넘어가는 주요한 계기가 되었다.

15세기 초부터 16세기까지 약 100년 동안 중국 명나라와 조선은 상대적으로 큰 전쟁 없이 안정을 누렸다. 그러나 북방 대륙의 만주에서 여진족이 발흥하고 해양세력인 일본이 부상하기 시작하는 불안의 태동기였다. 16세기 말부터 조선은 일본의 침략과 청나라의 침략으로 최대의 위기를 맞이하였다.

칭기즈칸의 몽골제국이 망한 후 14-16세기간 우즈베키스탄 티무르Timur(1336-1405)가 중앙아시아를 정복하고 여러 유목민들을 통합하는 동안 만주지역에서 여진족이 강성해졌다.

결국 여진족은 중국 명나라를 정복하고 1636년 청나라를 건국하였다. 청나라는 명나라를 정복하고 중국을 통일하는 과정에서 조선을 2회(1627년 정묘호란과 1636년 병자호란) 침공하였으며, 조선은 청나라와 군신의 관계를 맺었다.

3. 자연을 극복 못하다

15세기 이후 유목사회의 쇠퇴에 기여한 것이 초원의 열악한 자연 환경이었다. 유목민들은 양이나, 말 등에 의존하여 살아가다 보니 초원, 즉 자연환경에 크게 의존하였다. 가뭄 등 이상 기후로 초원의 풀들이 잘 자라지 못하면 말과 양, 낙타들이 번식하지 못하고 육고기를 주식으로 하는 유목민들의 인구도 줄어들게 된다.

농경민들은 한군데 정주하며 살기 때문에 고대부터 운하와 인공 수로를 건설하는 등 자연을 극복하려고 했다. 그러나 유목민들은 살기가 어려우면 다른 지역으로 이동하면 된다. 자연을 극복하기보다는 자연에 순응하는 편을 선택하였다.

고대 유목민들이 인구가 증가하여 세력이 확장된 것은 당시 유리한 기후 여건에도 기인하였다. 기후가 좋아 말들의 번식이 잘 될 경우 군사력도 증강하였다. 반대로 기후가 악화되어 말이나 양들이 잘 자라지 못하고 생활이 어려울 경우 유목민들은 물산이 풍부한 인접한 중국이나 유럽을 공격하였다.

4세기 훈족의 유럽에 대한 대이동이 대표적이다. 훈족은 유목민인 흉노족의 후손으로서 중앙아시아에 거주하였다. 4세기 초원지대는 장마를 몰고 오는 몬순대가 덮쳐 비가 많이 왔다.

비가 많으면 초원의 풀들이 잘 자라 유목민들에게 유리할 것 같지만 오히려 그 반대이다. 평소에 초원과 사막의 건기에 강한 말, 염소, 양들은 습기가 갑자기 높아지면 기후에 적응하지 못하고 집단 폐사한다.

오늘날에도 중앙아시아에서는 기후 변화가 심할 경우 수만 마리의 양들과 동물들이 원인 모르는 전염병에 걸려 종종 폐사한다. 결국 이상 기후로 인해 4세기 훈족은 먹거리를 찾아 유럽으로 이동하였다. 중앙아시아의 기후 변화가 훈족의 대이동을 초래했고 이로 인해 고대 로마제국의 멸망을 앞당겼다.

13-14세기 몽골이 강성해진 이유도 당시 기후가 유목민들의 세력 확장에 유리하게 작용하였다고 한다. 비가 적당히 오고 가뭄이나 태풍도 적어 초지가 풍성하여 말들이 잘 자라 유목민들의 군사력에 크게 기여했다고 한다.

그러나 광대한 영토와 척박한 토지가 유목민들의 발전을 방해한 족쇄足鎖였다. 척박한 땅과 사막에서 나무와 식물이 잘 자라지 못하는 것처럼 동물과 인간도 생존하기가 어렵다.

열악한 환경으로 중앙아시아의 사막과 초원지역에서 세계적인 문명이 발생하지 않았다. 그리고 산악지대와 광활한 사막지대에는 국가의 통제가 지방까지 효율적으로 미치지 않아 사회 통합을 유지하기가 어려웠다. 즉 유목사회는 분절된 사회로서 지방 부족들이 독자적인 영향력을 행사하며, 중앙정부의 권력이 지방까지 미치지 않았다.

한편, 중앙아시아를 가로 지르는 긴 강들이 있으나, 강들의 수심이 낮아 큰 배들의 항해가 어려워 물류가 소통되지 않았다. 배가 산을 넘지 못하는 것처럼, 초원에서 잘 달리는 말들도 강을 건널 수가 없었다.

유목민들은 광대한 초지를 이동하면서 생활하게 되어 정주민들처럼 국가를 건설하지 못하고 느슨한 부족 연맹체를 형성하여 몇 세기 동안 살았다. 유목 연맹체는 인구가 너무 적고 단순한 생존경제로서 도시와 시장이 발전하지 못하고 산업화에도 늦었다.

유목민들은 초원과 사막, 평지 등 육지에서는 강자이나 산림지대, 강이나, 바다에서는 약했다. 바다 건너 다른 대륙의 정복에 큰 관심이 없었다.

유목민들은 말을 잘 타는 기마병이었으나, 수영을 잘 못하고 배를 능숙히 다루지 못했다. 당연히 군대는 해군보다는 육군 중심이었다.

중국 내륙의 농경지와 늪지에서는 말들이 잘 달리지 못해 13세기 중국 남부 지역과 베트남을 정복하는 데 어려움이 많았다. 유목민들은 산림이 울창한 지역이나 눈이 많이 오는 시베리아 지역, 그리고 초지가 부족해 말이 생존하기 어려운 아프리카와 사막지역은 정복 대상에서 제외되었다. 말이 살 수는 있는 초원 지역이 유목민들이 정복하는 경계선이었다.

4. 바둑이 장기를 이기다

유목민들의 몰락에는 중국의 공간 중시 전략이 일조하였다. 중국 춘추전국시대(기원전 770-기원전 221) 병법의 대가인 손자孫子(기원전 544-기원전 496)는 보다 넓은 공간을 차지하는 자가 결국 승리한다고 주장하였다.

농경국가인 중국은 전쟁이나 외교 정책을 수행하는 데 있어 유목 사회와 여러 면에서 차이가 많다. 유목민들은 항상 먹거리를 걱정해야만 했고 식량이 풍부한 중국 대륙을 침범코자 하였다.

중국은 고대부터 수많은 외침을 경험한 토대로 현실적으로 대외 정세를 판단하고, 장기적으로 대안을 모색하였다. 중국은 갈등 해결에 있어 승리 아니면 패배all-or nothing 보다는 이이제이 정책, 조공 등 당근과 채찍을 적절히 사용하면서 다각적인 방법으로 유목민들의 침입에 대응하였다.

미국 국무장관이었던 키신저H.Kissinger는 『중국On China』(2012)이라는 책에서 중국의 외교 방식을 바둑에, 유럽의 외교를 장기chess에 비유하였다. 장기는 장기판의 중요한 핵심부분을 장악하여 상대 팀의 왕이 움직이게 못하게 하여 단기간에 승리하는 데 목적이 있다.

반면 바둑은 바둑판에서 상대방을 포위하고, 장기적으로 공간을 많이 확보하여 승기를 장악하는 데 있다. 바둑판의 세력 판도는 처음에는 잘 알 수가 없으나, 시간이 지나면서 서서히 나타나 승부가 결정된다.

장기가 상대방의 핵심을 공격해야 한다면 바둑은 빈 공간을 먼저 확보하여 우위를 점하는 데 있다. 장기는 과감한 결단력이 요구되지만 바둑은 전략적인 유연성이 필요하다. 장기는 길어야 30분 만에 승부가 결정되나, 바둑은 평균 4-5시간 만에 승부가 결정된다.

손자는 『손자병법 The Arts of War』이라는 책을 통해 최고의 승리는 전쟁 없이 적을 패퇴시키는 것이라고 주장하였다. 그는 전쟁은 단순한 군사적인 승리가 아니라, 궁극적으로 국가의 안전을 확보하는 정치적인 목적이라고 강조하였다. 그는 군사들의 사기가 물리적인 군사력보다 중요하다고 하면서 심리전의 중요성을 일찍이 강조하였다.

손자는 적을 직접 공격하기보다는 적의 동맹 국가를 먼저 공격하여, 적을 고립시키고 심리적으로 적의 사기를 위축시키며, 그 다음 적의 군대와 도시를 공격하는 것이 중요하다고 주장하였다. 적의 영토를 점령하기보다는 적군 병사들의 마음을 사로잡는 것이 중요하다는 것이다.

그는 전세가 적국에게 불리하고 아국에게 유리하게 전개될 때를 이용하여 적을 과감하게 공격할 것을 주장하였다. 결국 2500년 전 손자는 오늘날의 강성국력 hard power 보다 연성권력 soft power 의 중요성을 강조하였다.

유목민들의 특징인 속전속결과 몰이식 전략은 장기방식이며, 중국은 유목민들의 공격을 지구전으로 맞서는 바둑식 전략으로 대응하였다. 유목민들은 공격과 정복에 능숙했으나 피지배자들을 효과적으로 통치하는 데 약했다.

유목민들은 중국을 정복한 후 유교적인 통치 방식을 활용하여 거대한 중국을 통치하였다. 그러나 중국을 정복한 유목민들은 중국의 인구에 비해 턱없이 적어 결국 2-3세기 만에 중국에 동화되었다.

중국의 독특한 유교적 관료제도가 중국이라는 하나의 제국을 지탱해온 버팀목이었다. 고대 중국 한나라 시대에 시작된 유교중심의 관료제도가 토착화되어 역대 왕조들이 자주 교체되어도 중국이라는 큰 집은 무너지지 않았다. 다만 소위 집주인인 천자들은 자주 바뀌었으나 중국이라는 큰 집의 형체는 유지되었다.

반면 5세기 훈족의 아틸라Attila(406-453), 13세기 칭기즈칸Chingiz Khan(1162-1227), 14세기 티무르Timur(1336-1405) 등 출중한 지도자가 나타날 경우 유목 부족들은 쉽게 단합하여 강한 군사력을 과시하였다. 그러나 유목제국들은 지도자가 사망하면 쉽게 붕괴되었고, 로마제국, 영국, 러시아, 중국 등 다른 제국과 비교할 때 단명하였다. 유목제국은 수백 년을 버티어 나갈 강한 집을 짓지 못했다.

• 한국 문헌

권영필 외, 『중앙아시아 속의 고구려인 발자취』, 동북아역사재단, 2008.
르네 그루쎄, 김호동 · 유원수 · 정재훈 역, 『유라시아 유목 제국사』, 사계절, 2012.
지배선, 『유럽문명의 아버지 고선지 평전』, 청아출판사, 2002.

• 외국 문헌

Admiral James Stavridis, *Sea Power*, Penguin Press, 2017.
Albert Hourani, *A History of the Arab Peoples*, Faber and Faber, 2013.
Angus Deaton, *The Great Escape*, Princeton University Press, 2013.
Christopher Robbing, *The Land that Disappeared*, Profile Books, 2007.
Chokan and Murat Laumulin, *The Kazakhs*, Global Oriental, 2009.
Daron Acemoglu and James A.Robison, *Why Nations Fail*, Crown Business, 2012.
Francis Fukuyama, *The Origins of Political Order*, FARRAR, STRAUS AND GIROUX, 2011.
_____, *Political Order and Political Decline*, FARRAR, STRAUS AND GIROUX, 2014.
Frank Mclynn, *GENGHIS KHAN*, Vintage, 2015.
Frank Trentmann, *Empire of Things*, Penguin Books, 2017.
Halil Inalick, *Turkey and Europe in History*, EREN, 2006.

Jack Weatherford, GENGHIS KHAN and the Making of the Modern World, Broadway Books, 2004.

John Man, Saladin, Corgi Books, 2015.

John Micklethwait and Adrian Wooldridge, God is Back, Penguin Books, 2017.

Justin Marozzi, Tamerlane, Da Capo Press, 2006.

Mead, Walter Rusell, The Return of Geopolitics, Foreign Affairs (May/June), 2014.

Niall Ferguson, The Ascent of Money, Penguin Books, 2009.

_____, Civilization, Penguin Books, 2011.

_____, The Square and the Tower, Allen Lane, 2017.

Parag Khanna, Connectography, Random House, 2016.

Peter Frankkopan, Silk Road, Bloomsbury, 2015.

Peter Hopkirk, The Great Game, Oxford University Press, 1991.

TIM Marshall, Prisoners of Geography, Elliott and Thompson Limited, 2016.

Warren I. Cohen, East Asia at the Center, Columbia University Press, 2000.

Zbigniew Brezinski, Strategic Vision(American and the Crisis of Global Power), Basic Books, 2012.

유라시아를 정복한
유목민이야기

초판1쇄 발행 2018년 7월 13일

지은이 송금영
펴낸이 홍기원

총괄 홍종화
편집주간 박호원
편집 · 디자인 오경희 · 조정화 · 오성현 · 신나래
　　　　　　김윤희 · 이상재 · 이상민 · 최아현
관리 박성대 · 최기엽

펴낸곳 민속원
출판등록 제1990-000045호
주소 서울 마포구 토정로 25길 41(대흥동 337-25)
전화 02) 804-3320, 805-3320, 806-3320(代)
팩스 02) 802-3346
이메일 minsok1@chollian.net, minsokwon@naver.com
홈페이지 www.minsokwon.com

ISBN 978-89-285-1191-4 03900

ⓒ 송금영, 2018
ⓒ 민속원, 2018, Printed in Seoul, Korea

저작권법에 의해 한국 내에서 보호를 받는 저작물이므로
무단전재와 복제를 금합니다.
이 책 내용의 전부 또는 일부를 이용하려면
반드시 저작권자와 민속원의 서면동의를 받아야 합니다.
이 도서의 국립중앙도서관 출판시도서목록(CIP)은
서지정보유통지원시스템 홈페이지(http://seoji.nl.go.kr)와
국가자료공동목록시스템(http://www.nl.go.kr/kolisnet)에서
이용하실 수 있습니다. (CIP제어번호 : CIP2018021089)

※ 책 값은 뒤표지에 있습니다.
※ 잘못된 책은 바꾸어 드립니다.
※ 도판 자료 게재를 허락해주신 분들께 감사드립니다.
　 이 책에 실린 도판 중 저작권 협의를 거치지 못한 것이 있습니다.
　 연락이 닿는 대로 게재 허락 절차를 밟고 저작료를 지불하겠습니다.